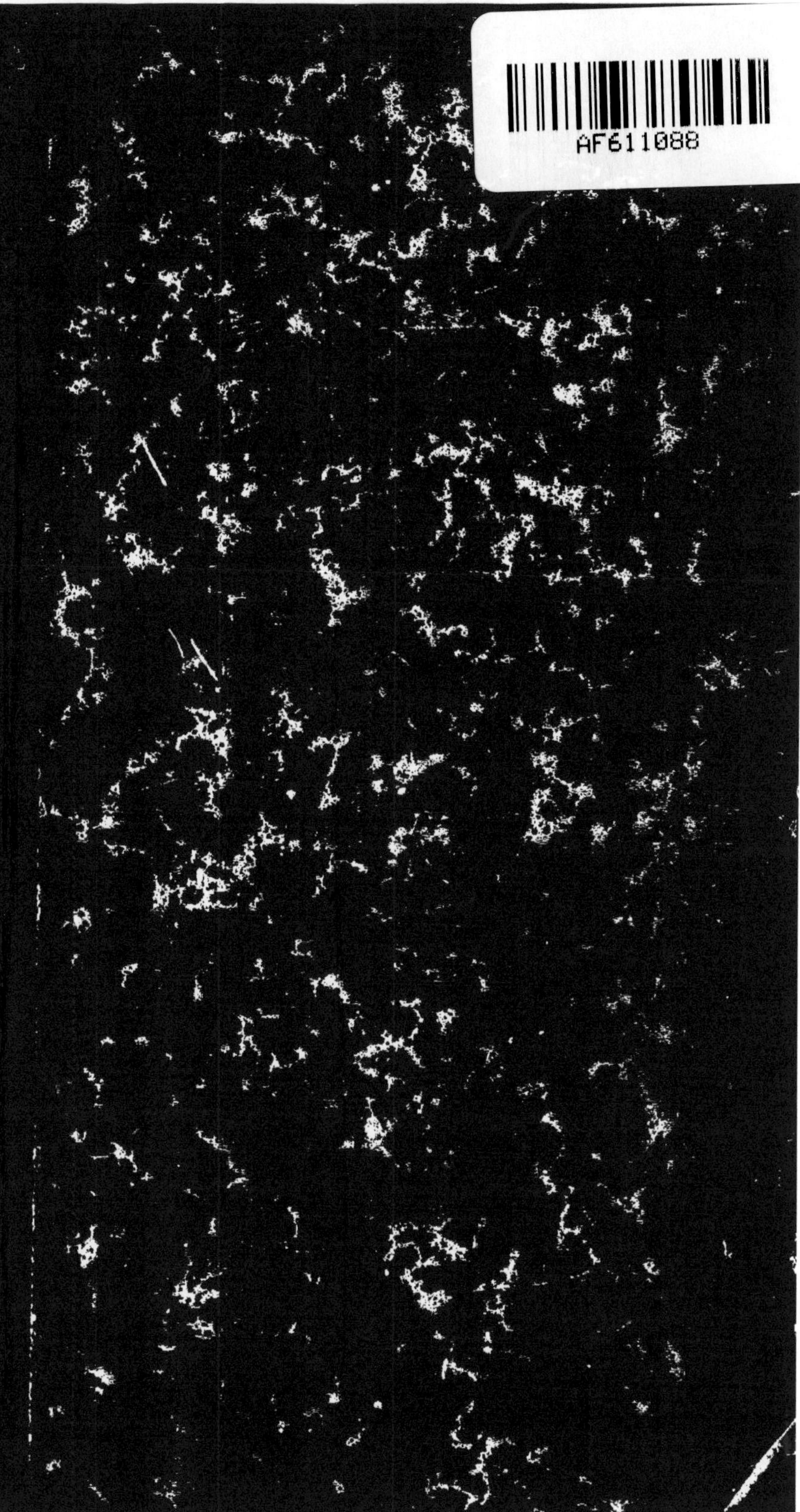

A. STORELLI

JEAN-BAPTISTE NINI

SA VIE — SON ŒUVRE

1717-1786

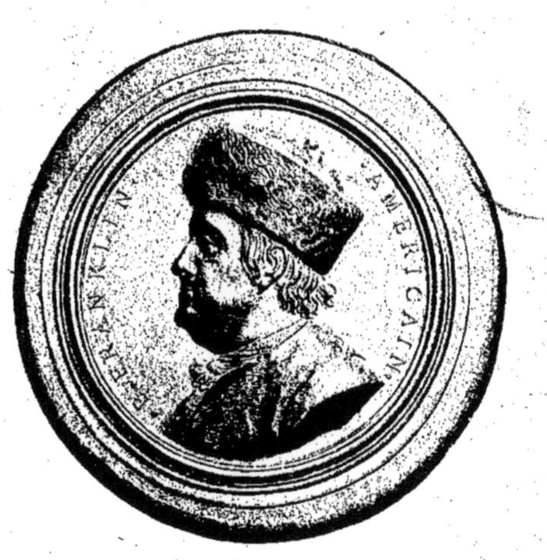

TOURS
IMPRIMERIE A. MAME ET FILS

1896

JEAN-BAPTISTE NINI

SA VIE — SON ŒUVRE

IL A ÉTÉ TIRÉ DE CET OUVRAGE 200 EXEMPLAIRES NUMÉROTÉS

EXEMPLAIRE N°

A. STORELLI

JEAN-BAPTISTE NINI

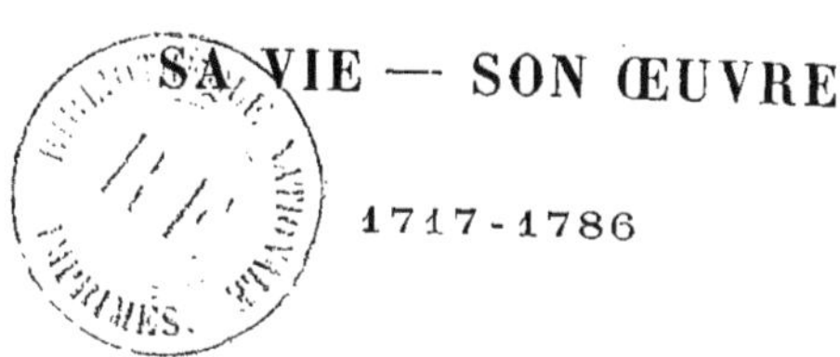

SA VIE — SON ŒUVRE

1717-1786

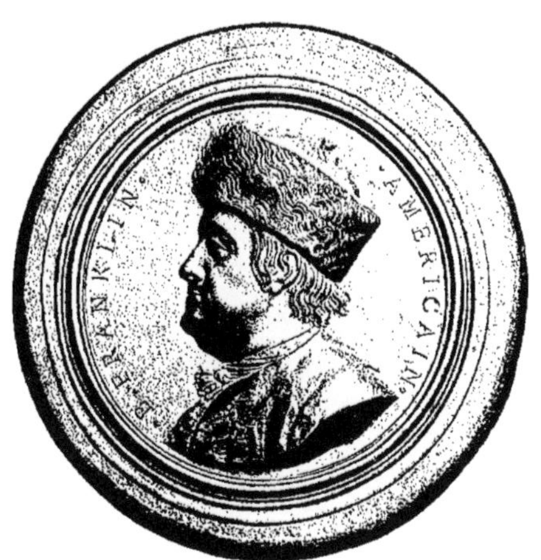

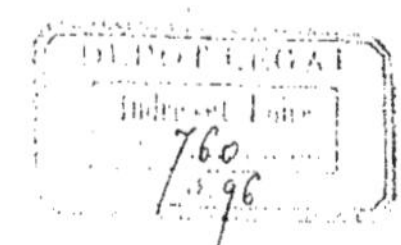

TOURS

IMPRIMERIE A. MAME ET FILS

1896

INTRODUCTION

Parmi les artistes de la fin du XVIIIe siècle, il en est un dont il nous a semblé intéressant de retracer en détail la vie, assez imparfaitement connue jusqu'ici; nous voulons parler de Jean-Baptiste Nini, Italien d'origine, que son savoir-faire avait désigné au choix de Le Ray de Chaumont [1] pour diriger les fabriques qu'il venait d'installer à Chaumont-sur-Loire.

Les œuvres de Nini, malgré leur importance et leur mérite, n'avaient pu le soustraire à l'oubli, qui semble trop souvent, hélas! devoir être l'apanage du talent. Les années si furieusement troublées qui suivirent la mort de Nini peuvent en quelque sorte excuser cette injustice; ce n'est que beaucoup plus tard cependant que ces médaillons, si recherchés aujourd'hui, commencèrent à attirer l'attention de quelques rares amateurs. Il appartenait à l'un d'eux, M. Villers, conservateur du musée de Blois lors de sa création [2], de remettre en lumière le nom de cet artiste que personne ne connaissait plus. Il eut d'abord la bonne fortune de pouvoir réunir au musée une importante collection de médaillons de Nini, dans laquelle figurent presque tous ceux qui sont le plus estimés; en outre, guidé, comme il le dit lui-même, par un sentiment de convenance, M. Villers s'occupa de recueillir, alors qu'il en était temps encore, les souvenirs assez confus de la tradition locale. Sa notice sur J.-B. Nini et ses terres cuites nous donne, en effet, tout ce que la légende avait pu retenir du séjour à

[1] Jacques Donatien Le Ray, grand maître enquêteur et général réformateur des eaux et forêts de France au département de Blois, Berry, haut et bas Vendômois, puis intendant de l'hôtel royal des Invalides, avait acheté la terre et le château de Chaumont, dont il joignit le nom au sien, en 1750.

[2] Voir dans la *Revue des Deux-Mondes*, avril 1880, les Musées de province, par H. Houssaye.

Chaumont de l'artiste, depuis 1772 jusqu'à sa mort; mais elle est muette sur les débuts de sa vie laborieuse, dont personne n'avait encore pu pénétrer le mystère [1].

Avant M. Villers, le vicomte Walsh, dans l'*Histoire du château de Chaumont,* avait parlé de « l'artiste distingué » qui dirigeait la poterie créée par M. Le Ray; et L. de la Saussaye, dans son livre : *Blois et ses environs,* avait à peine consacré quelques lignes à celui dont il était pourtant l'un des premiers et plus fervents admirateurs. Plus tard, mis en éveil par M. Villers, Jal [2] donna le premier quelques renseignements sur Nini, sa famille et son existence avant son arrivée en France. Puis A. Demmin fit ressortir le mérite artistique de ses œuvres en les comparant à celles de ses imitateurs [3]; enfin M. le marquis A. des Meloizes [4], après s'être inspiré de ces divers ouvrages, s'attacha plus spécialement à définir d'une façon indiscutable, à notre avis, les procédés d'exécution de Nini, que la légende avait absolument dénaturés.

L'impulsion était donnée, et le temps faisant à son tour justice de l'oubli, le musée de Blois voit son exemple suivi : Nevers, Bourges, Orléans, Sèvres et le Cabinet des médailles recherchent quelques spécimens des œuvres de Nini, pendant que les collectionneurs de tous pays rendant enfin hommage à cet art si délicat, lui donnent dans leurs vitrines la place qu'il aurait dû toujours y occuper. Il est donc maintenant indispensable de dissiper autant que possible les ténèbres qui ont empêché nos devanciers de faire connaître d'une manière plus complète l'un des artistes les plus originaux du XVIIIe siècle, en racontant simplement sa vie, telle que nous la retracent des documents d'une valeur incontestable, puisés dans les archives de la bibliothèque de la ville de Pesaro et dans celles du château de Chaumont. Nous nous occuperons ensuite de son œuvre, si intéressante à tant de titres divers.

[1] XVIIIe siècle : *Jean-Baptiste Nini, ses terres cuites,* par A. Villers (Blois, imprimerie Lecesne, 1862). M. Villers préparait une deuxième édition de cette Notice lorsque la mort vint le frapper, à Nantes, en novembre 1887.

[2] *Dictionnaire critique de biographie et d'histoire.* (Paris, Plon, 1867.)

[3] *Guide de l'amateur de faïences et de porcelaines, terres cuites, etc.,* par Auguste Demmin; 2 vol. in-8°, 3e édition. Paris, Renouard, 1867.

[4] *Les moules en terre cuite des médaillons de J.-B. Nini.* (Bourges, imprimerie Pigelet, 1869.)

JEAN-BAPTISTE NINI

PREMIÈRE PARTIE

SA VIE

I

Jean-Baptiste Nini naquit à Urbino (États pontificaux), au mois de mars 1717[1], de famille bourgeoise[2], considérée, féconde en belles intelligences pour les arts libéraux[3]; il étudia avec ses frères Vincent et Mathieu les premiers éléments de la gravure, sous la direction de son père Domenico, graveur habile, admirablement doué pour les inventions de la mécanique. Tout jeune encore, il s'enfuit de la maison paternelle et se réfugia à Bologne, ne trouvant pas d'autre moyen de résister à la volonté de son père, qui désirait le voir s'adonner à l'étude des belles-lettres, pour lesquelles il ne se sentait aucune inclination. Bientôt, à bout de ressources, il dut travailler pour vivre, et quoiqu'il n'eût aucun maître pour le diriger, emporté par l'ardeur de son tempérament artistique, il se mit résolument à graver quelques paysages de sa composition, dont il tira facilement les épreuves. Ces gravures, particulièrement appréciées pour l'habileté des feuillages, ne tardèrent pas à être recherchées malgré la jeunesse de leur auteur, si bien que, ne pouvant plus suffire aux demandes qui lui étaient faites, Jean-Baptiste appela ses deux frères à Bologne, où tous trois pro-

[1] Voir l'acte de baptême de J.-B. Nini aux pièces justificatives.

[2] Armes de la famille Nini : d'azur au lion d'or.

[3] *Biblioteca oliveriana di Pesaro*, Cod°. 986. Nous devons ce renseignement, comme tous ceux qui nous sont venus d'Italie, à l'obligeance du marquis Antaldi, conservateur de la Bibliothèque oliveriana et du musée de Pesaro.

duisirent un grand nombre de pièces très estimées de leurs compatriotes et de leurs contemporains [1].

En même temps, pour compléter son éducation si brusquement interrompue, Nini entrait à l'académie Clémentine de Bologne, et s'y livrait presque exclusivement à l'étude de la sculpture. Ses progrès dans cet art furent si rapides et si éclatants, qu'il obtint un second prix au concours de 1734.

Quelques années plus tard, un peu après 1740, le succès ayant abandonné nos trois artistes, il fallut se séparer. Vincent, que son mariage avait fixé à Bologne, continua à y exercer fort honorablement la gravure et la peinture [2]. Mathieu quitta le pays pour aller à Lucques, où il venait d'être appelé en qualité d'architecte militaire, et personne de sa famille n'entendit plus jamais parler de lui. Quant à Jean-Baptiste, entraîné sans doute par son humeur vagabonde, nous savons qu'il se rendit en Espagne, chargé par son père de faire connaître une machine de son invention, destinée à fabriquer plusieurs aiguilles à la fois. Plus tard il occupa, aux environs de Madrid, le poste de surintendant dans une cristallerie, aux appointements de dix pistoles par mois.

C'est là que, donnant une nouvelle preuve de son habileté naturelle développée par les études de toute sa jeunesse, J.-B. Nini grava sur le verre de nombreuses et charmantes compositions, reproduisant pour la plupart des scènes champêtres ou des sujets de chasse très mouvementés [3].

Appliquant à ce genre de gravure tout nouveau pour lui les ressources si variées de son talent, il devint bientôt un maître en cet art, où nul n'a su montrer plus de finesse et de perfection. Pendant son séjour en Espagne, il se maria avec une jeune fille nommée Isidore Laurus. Malgré les recherches les plus minutieuses, nous n'avons pu découvrir aucun document établissant d'une manière certaine le lieu et la date exacte de cette union; nous ne savons pas non plus combien de temps Nini demeura en Espagne, où son mariage aurait dû le fixer. Nous sommes donc obligés de nous en rapporter à la tradition,

[1] Voir aux *Additions* la description de trois de ces gravures, données à M. Villers pour le musée de Blois, par Ernest Nini, petit-fils de Vincent, l'un des frères de Jean-Baptiste. Voir également la description de deux autres qui figurent dans les collections de Chaumont.

[2] Sa descendance y est encore représentée par son petit-fils, cité plus haut, employé à la Pinacothèque de Bologne.

[3] Voir aux *Additions* la description de deux verres gravés par Nini, figurant dans les collections de Chaumont, et du verre à boire de Nini, tel que le dépeint la Notice de M. Villers.

corroborée d'ailleurs par les archives de Pesaro. Celles-ci nous apprennent en effet, comme dernier renseignement sur Nini, « qu'il prit pour femme une Espagnole et l'emmena avec lui à Paris; » et ce renseignement est confirmé par ce que nous a fait savoir Ernest Nini, son petit-neveu, c'est qu'il avait entendu souvent son grand-père répéter que son frère Jean-Baptiste, à une époque qu'il ne pouvait préciser, avait subitement quitté l'Espagne, après s'y être marié, pour venir s'établir à Paris avec sa femme, et que depuis il n'avait plus jamais donné de ses nouvelles [1].

Nous sommes donc, à notre très grand regret, obligés de laisser dans l'obscurité cette partie de l'existence de notre héros, pour ne le retrouver qu'en 1758, installé à Paris, comme le prouvent plusieurs gravures signées : *Johannes Nini urbinatensis invenit et delineavit Parisiis anno Domini MDCCLXIII* [2]. Il y habitait grande rue du faubourg Saint-Honoré, paroisse de la Madeleine et de la Ville-l'Évêque, avec sa femme et sa fille qui ne tardèrent pas à retourner en Espagne, et resta à Paris jusqu'en 1772, époque à laquelle il vint à Chaumont.

Une autre tradition recueillie, dit-on, de la bouche même de Nini, mais que nous n'avons pu appuyer par aucun acte d'une valeur quelque peu authentique, a laissé supposer qu'avant d'arriver à Chaumont, il avait séjourné pendant un certain temps à la Charité-sur-Loire, où du reste on ne trouve aucun souvenir de lui. Dans le cas où pourtant cette tradition serait digne de foi, nous pensons qu'il serait plus plausible de placer ce séjour à une date plus éloignée, entre le moment où Nini quitta l'Espagne et celui où il arriva à Paris, par exemple. Il est en effet peu vraisemblable que, étant à Paris en 1758, et y étant encore en 1772, il ait eu la fantaisie de quitter le centre où son double talent de graveur et de sculpteur commençait à le faire connaître, pour aller travailler dans cette petite ville où rien ne devait l'attirer. De plus, lorsqu'on remarque la date de quelques-uns de ses plus beaux médaillons, Gamot, le marquis de Paroy, le prince de Beauvau, le seigneur de Mosnac, Mmes de Nivenheim et de la Reynière, tous personnages célèbres dans le monde de Paris comme dans les arts [3], il devient impossible d'admettre qu'ils aient été exécutés à la Charité-sur-Loire.

[1] Correspondance d'Ernest Nini.
[2] Voir aux *Additions* la description de deux de ces gravures qui figurent dans les collections de Chaumont.
[3] Voir au *Catalogue* les pages 65, 67, 69, 71, 73 et 77.

II

Attiré par la réputation qui commençait à entourer le nom de Nini, et voulant donner une impulsion nouvelle aux fabriques de poterie et de verrerie qu'il avait créées dans son domaine de Chaumont-sur-Loire, M. Le Ray résolut de s'attacher à tout jamais l'artiste dont il avait pu justement apprécier la valeur. Aucun choix ne pouvait être plus judicieux, car l'art de la terre lui était devenu aussi familier que celui de la taille et de la gravure sur verre. C'est alors que fut convenu, d'un commun accord, le traité reproduit plus loin, tel que nous l'ont conservé les archives du château de Chaumont, traité par lequel M. Le Ray confiait à Nini, sa vie durant, la direction de tous ses établissements industriels, et lui assurait en même temps une rente viagère de douze cents livres. Nous y voyons fixée d'une manière irréfutable la date de l'arrivée de Nini en Blaisois, les fonctions diverses qu'il aura à exercer, les conditions détaillées de ce contrat, etc [1].

En s'engageant envers M. Le Ray de Chaumont pour le reste de ses jours, Nini n'avait pas pleinement aliéné sa liberté; il pouvait, en effet, travailler selon son bon plaisir et mettre à profit l'expérience qu'il avait acquise au milieu des vicissitudes de cette vie si aventureuse. Il avait alors cinquante-cinq ans, et il avait bien droit au calme et au repos qui lui étaient assurés désormais. Son talent n'avait rien perdu, et les nouveaux médaillons qu'il exécutait à Chaumont sont aussi séduisants et aussi largement traités que leurs devanciers. Le portrait de Thérèse Joques Le Ray de Chaumont, ceux de Louis XVI et de Marie-Antoinette en habits royaux, pour n'en citer que les premiers, sont là pour l'attester; puis nous rencontrons des gens du pays, ceux-là même qui vivent à côté de Nini, Orien Marais, régisseur de Chaumont et sa première femme, Marie-Catherine Jaquet; Michel

[1] Voir aux *Pièces justificatives* le traité du 1er octobre 1772, passé par devant Mes Dehérain et Fourcault, notaires à Paris.

Foucault, ancien médecin du roi, ami de Le Ray; Berthevin, céramiste du roi de Danemark, etc. Tous ces médaillons ont conservé le charme et l'harmonie, la sûreté d'exécution que nous admirons dans les œuvres de Nini antérieures à son départ pour le Blaisois[1]. Et c'est à ce moment du reste que la manufacture de Sèvres, regrettant sans doute de n'avoir pu s'assurer le concours de Nini, lui fit vraisemblablement offrir une position plus digne de son mérite. Nous en avons la preuve dans une lettre écrite le 16 mai 1776, par Berthevin, qui se trouvait alors à Chaumont, nous ne savons à quel titre. « M. Nini, écrit-il, n'étant pas disposée à quiter Chaumont, si quelqu'une des lumières que j'ai acquis, en outre de mon talens particulier, peuves estre utiles à la manufacture, je me ferai un devoir de les communiquers[1]. » En d'autres termes, Berthevin demandait à cet établissement la place que Nini n'était pas « disposé » à y occuper, si flatteuse qu'elle pût être pour son amour-propre.

Comme nous venons de le voir, Nini avait su trouver de nombreux modèles, et bientôt un personnage des plus illustres allait augmenter le nombre de ceux qui avaient déjà posé devant lui. En effet, des relations d'amitié très étroites unissaient Franklin à Le Ray de Chaumont; c'est dans la maison de campagne de ce dernier, à Auteuil, que Franklin habitait lorsqu'il vint en France, de 1776 à 1785; durant ce long séjour, il se rendit souvent à Chaumont, et la juste célébrité du savant et de l'homme d'état ne devait pas échapper à l'artiste. Aussi voyons-nous les divers portraits de Franklin figurer à côté de ceux de Louis XVI et de Marie-Antoinette, de celui de Voltaire, dont le réalisme outré fait tache en quelque sorte dans l'ensemble de cette œuvre, de ceux enfin du fils et de la fille de Le Ray, ce dernier ne précédant que de très peu la mort de Nini (1785).

III

D'après les souvenirs recueillis jadis à Chaumont, J.-B. Nini était de caractère original et d'humeur joviale; il aimait la bonne chère et redoutait le froid; lorsqu'il venait à Blois, il avait soin de se couvrir soigneusement pour éviter le vent de la Loire. Pour cela, il commen-

[1] Voir aux *Pièces justificatives* la lettre du sieur Berthevin au directeur de la manufacture de Sèvres; et au Catalogue, p. 103, la notice consacrée à Berthevin.

çait par endosser une longue houppelande de couleur généralement voyante, par-dessus laquelle il mettait un collet de nuance également claire, mais différente; un châle surmontait cet échafaudage de vêtements bariolés, qui donnaient à sa personne l'aspect le plus bizarre et le plus grotesque, car il était petit de taille et assez robuste de complexion.

Le médaillon de la collection de Chaumont où il est, dit-on, représenté avec sa femme et sa fille, ne peut donner qu'une idée très vague des traits de son visage [1]. Un passage tiré de Gerspach (Documents sur les anciennes faïenceries) prétend cependant nous faire connaître les particularités de cette physionomie intéressante. C'est un extrait des Mémoires de J.-M. Crommelin, de Saint-Quentin, dernier de sa race en France, pages 88-90 :

«... J'ai fait un voyage chez M. de Choiseul, ci-devant ambassadeur à Turin. Son château, situé sur une éminence, dominait une belle campagne...

Pendant les huit jours que je restai, M. de Choiseul voulut me faire connaître trois personnes bien remarquables dans des genres différents.

... Le troisième était un nain nommé Nini; il n'avait pas quatre pieds de haut; la longueur de ses bras, depuis l'épaule jusqu'au bout de ses doigts, n'était pas de quatorze pouces; enfin la grosseur de sa tête me le fit prendre pour un Samoyède; mais il n'a pas existé, et peut-être n'existera-t-il jamais un homme aussi étonnamment adroit.

Nous entrâmes dans son atelier sans qu'il prît garde à nous. Après avoir examiné une multitude de portraits, en terre cuite, de la plus grande perfection et d'un fini précieux, M. de Choiseul lui dit :

« — Nini, il faut nous montrer votre portefeuille.

« — C'est temps perdu; vous ne vous y connaissez pas.

« — Je vous amène un grand connaisseur.

« — Peut-être comme tant d'autres ! »...

... Nini nous fit voir de très mauvaises choses, qui sûrement n'étaient pas de lui; je n'y fis aucune attention; il nous montra une esquisse heurtée seulement, mais pleine de feu. — « Ah ! on peut regarder cela, il y a de l'imagination et de la facilité. » — Alors prenant un autre portefeuille, il déploya ses vrais trésors. J'ai pris pour les plus superbes gravures que l'on puisse voir, des dessins faits à la plume en observant les dégradations, non par les nuances différentes, mais par la finesse des traits. Cette observation lui fit plaisir.

[1] Voir au Catalogue le médaillon à trois personnages, p. 163.

« — Que cela est beau! m'écriai-je.

« — Je le crois bien, me répondit le nain; il n'y a pas deux NINI dans le monde. Regardez ce gobelet et dites que vous avez vu ce qu'il y a de plus rare, sans excepter le cachet de Michel-Ange. »

Cet homme avait taillé dans le cristal quatre loupes de même foyer, et vis-à-vis de chacune, un paysage avec des figures presque imperceptibles, mais qui, vues à travers la loupe, paraissaient avoir une proportion de cinq ou six lignes. Callot ne dessinait pas mieux que cet homme; figures, perspective, arbres, terrasses, attitudes et animaux, tout était parfait. Je sais de quelle manière on fait les loupes par le frottement, mais je ne conçois pas comment on peut les couler, exactes, dans l'épaisseur d'un gobelet de cristal...

... Ce Nini avait des ongles d'une longueur excessive. Je lui demandai s'ils entraient pour quelque chose dans ses étonnantes productions.

« — Êtes-vous musicien ?

— Oui. »

Alors il tira d'une mauvaise armoire un psaltérion organisé, dont il joua, avec ses ongles, de la manière la plus agréable. Je demandai à M. de Choiseul si je pouvais lui offrir de l'argent.

« — Gardez-vous-en bien ! Il nous prendrait, vous d'une main, moi de l'autre, et nous mettrait tous deux à la porte. »

Nous remerciâmes cet être extraordinaire, et... »

D'après ces Mémoires, Nini aurait donc été une sorte de monstre, chez lequel, en compensation de cette difformité naturelle, la Providence avait allumé la brillante étincelle du génie artistique. Ce n'est pas impossible; mais on peut croire aussi que le sieur Crommelin, selon son habitude d'exagération, a dû certainement rapetisser la taille et grossir les imperfections de l'extérieur de Nini. Le récit de cette visite à Chaumont nous montre au moins le sentiment légitime que l'artiste avait de sa propre valeur, et combien grande aussi était sa réputation parmi ses contemporains, parmi les personnages les plus illustres de la contrée.

IV

Il y avait quatorze ans que Nini vivait à Chaumont, y surveillant les établissements industriels et se délassant de cette surveillance par le travail bien différent de son atelier particulier. Tout d'un coup il fut atteint d'un mal dont les progrès furent si rapides, qu'il mourut en quelques jours, le 2 mai 1786, sans avoir jamais revu sa femme ni sa fille, sans avoir même songé à les faire venir auprès de lui; il n'en est aucunement fait mention dans son testament olographe, daté de Chaumont, le 12 décembre 1784 [1], dans lequel deux personnes étrangères sont seulement nommées, le légataire universel Jacques Desniau, et l'exécutrice testamentaire Mme veuve Dumont.

Jacques Desniau, « artiste sculpteur, graveur et figuriste [2], » avait sans aucun doute reçu de Nini ses recommandations suprêmes relativement à la succession qu'il allait avoir à recueillir pour ces deux femmes, depuis si longtemps étrangères à la vie du chef de la famille. Nous ignorons quelles fonctions particulières il exerçait dans les fabriques de Chaumont. Étant donné ce nom très communément répandu dans le Blaisois, on peut admettre qu'il était sinon de Chaumont même, tout au moins des environs, et que, d'après ses aptitudes, Nini en avait fait un artiste, son compagnon préféré, son ami le plus intime en un mot, malgré la qualité très modeste de « garceon potier » par laquelle il est désigné dans le testament, ou plus modeste encore de « domestique » que lui attribue l'acte mortuaire extrait des registres de la paroisse de Chaumont [3].

En réalité, quels qu'aient été les liens l'unissant à Nini, Jacques Desniau n'était que le dépositaire de cette petite succession, et il devait la remettre à la veuve et à l'orpheline aussitôt qu'elle serait liquidée, ce qui ne fut pas sans difficultés. Dès le lendemain de la mort de Nini, Jean-François Riffault, notaire royal à Blois, dépositaire de son testament olographe, se transporta à Chaumont; et s'étant assuré qu'il n'y avait aucun héritier sur les lieux, il se retira chez le procureur fiscal de la justice de Chaumont, où il fit appeler Desniau, nommé par le testament légataire universel. Après la lecture de cet acte, faite par devant témoins [4], O. Marais déclara qu'elle ne pouvait nuire en quoi que ce fût aux droits de M. Le Ray ni aux héritiers du défunt. Le 4 mai, Me Riffault se rendit de même au domicile de dame Marie-Anne Légier, veuve du sieur Amable Dumont [5], directrice du bureau des carrosses de Blois, demeurant paroisse Saint-Nicolas, et y remplit les

[1] Voir aux *Pièces justificatives* le testament de Nini.

[2] Jacques Desniau ou Deniau est ainsi qualifié dans plusieurs pièces relatives au procès dont il sera parlé plus loin, où il figure à côté de la De Ve Dumont, de la De Ve Nini et de la Dlle Agathe Nini. (*Archives de Chaumont.*)

[3] Voir aux *Pièces justificatives.*

[4] Voir aux *Pièces justificatives* le procès-verbal de communication du testament.

[5] « Amable-Claudot Dumont, en son vivant controlleur ambulant de la régie générale des Aydes... » (*Archives de Chaumont.*)

mêmes formalités. La dame Dumont accepta l'exécution du testament, et tout semblait devoir se terminer régulièrement, lorsque, mal conseillée sans doute, la succession fit requérir la mainlevée des scellés [1], procéder à l'inventaire et vendre tout ce qui se trouvait dans l'atelier de Nini, sans attendre pour cela l'autorisation de Le Ray; elle alla même jusqu'à traduire ce dernier devant le bailliage de la justice de Blois, lui réclamant la restitution de la somme de vingt mille livres, somme représentant à son avis les arrérages de la pension due à Nini, et sa part dans les bénéfices de la fabrication en général, dont les comptes n'avaient pas été arrêtés depuis le 1er août 1781.

On ne saurait préciser le bien fondé de cette réclamation; il est probable que l'indolence de l'artiste l'empêchait de s'occuper régulièrement de ses affaires, et que l'enthousiasme de Le Ray pour les entreprises lointaines, dans lesquelles l'avait entraîné son attachement pour Franklin, lui faisait négliger ses intérêts privés à Chaumont. A son tour il attaqua la succession, comme ayant vendu sans le consulter ce qui composait l'atelier de Nini, « outils, meubles, ustensiles et autres effets, tels que les creux médaillons en terre, porcelaine, soufre et plâtre, etc. »

Chacune des deux parties, sans aucun doute, voulait, au détriment de l'autre, mettre la main sur les moules dont il lui était facile de tirer un grand profit; Desniau d'une part [2], et les ouvriers de la fabrique de l'autre, étant absolument capables de continuer le travail particulier des médaillons auquel Nini les avait initiés. Nous en trouvons une preuve dans une lettre écrite, le 8 août 1788, par Orien Marais à Me Pardessus, avocat à Blois, chargé de la défense de Le Ray :

« Depuis le décès du sieur Nini, j'ai vendu au moins pour trois ou quatre cents livres de médaillons que j'ai fait fabriquer à la poterie par des hommes qui n'étoient pas sous l'inspection du deffunt, et dans le prix desquels ses héritiers ne peuvent prétendre aucune chose [3]. »

De plus, Le Ray réclamait la somme de deux mille quatre cents livres, moitié du bénéfice des médaillons vendus directement par Nini, de 1781 à 1786. Plus tard, par l'organe de Me Gelhay, son avocat, la succession demandait à son tour « la remise de la moitié de la valeur

[1] Nous avons retrouvé dans l'étude de Me Dupou, notaire à Blois, successeur de Me Riffault, la procuration en date du 11 mai, donnée par Mme Dumont au sieur Jules-César-Alexandre Naudin, praticien, pour requérir la mainlevée des scellés qui avaient été apposés chez Nini, faire procéder à l'inventaire, etc., etc.

[2] Jacques Desniau avait alors quitté Chaumont et habitait à Paris, rue Gracieuse, dans le faubourg Saint-Marceau. (*Pièces relatives au procès; archives de Chaumont.*)

[3] Archives de Chaumont.

du tour lapidaire sans épargne, retenue par le sieur Marais comme faisant partie de la communauté avec Le Ray, porté en inventaire général sous seings privés du 22 août 1782 », en exécution du contrat fait à Paris dix ans auparavant.

En même temps que les meubles et ustensiles et autres effets trouvés dans cet atelier, que de trésors artistiques furent dispersés au moment de cette vente précipitée ! Nous n'avons malheureusement pas pu mettre la main sur cet inventaire, qui dut avoir lieu après la mainlevée des scellés, les 11, 12 mai et jours suivants. Nous aurions sûrement fait là plus d'une intéressante découverte, nous permettant peut-être de pénétrer plus avant dans le secret des procédés de Nini. Du moins, par un singulier hasard, nous avons pu retrouver une grande partie de ses moules et de ses outils, tous façonnés par lui pour l'exécution toute spéciale des médaillons ; et ces précieuses épaves de son atelier nous ont rendu particulièrement facile la deuxième partie de cette notice.

JEAN-BAPTISTE NINI

DEUXIÈME PARTIE

SON ŒUVRE

I

Si maintenant nous étudions attentivement l'œuvre de Nini, nous nous voyons forcé de repousser la plupart des opinions primitivement avancées. Le traité du 1er octobre 1772 fait tout d'abord disparaître une des légendes qui ont entouré sa vie, c'est-à-dire son arrivée à Chaumont en 1764, et ce n'est pas la seule! En effet, de tous les médaillons avec millésime qui nous sont connus, les premiers [1] sont datés de 1762. Depuis cette époque jusqu'en 1772, époque à laquelle il quitta Paris, il en existe une quarantaine environ, et plus encore sans doute si nous considérons que parmi ceux ne portant pas de millésime un certain nombre peut avoir été exécuté avant ou pendant cette période de dix années.

Nous ne pouvons donc plus admettre que « c'est en essayant par hasard le creux de ses gravures sur la terre de Chaumont, et en reconnaissant les qualités plastiques, qu'il (Nini) conçut l'idée de ces charmants médaillons...; qu'on n'en connaît pas d'antérieurs à son entrée à Chaumont, etc. etc. [2] ». Il est certain maintenant que Nini avait exécuté déjà une partie considérable de son œuvre avant de prendre la direction des fabriques de Le Ray.

[1] Voir au Catalogue, p. 35, le médaillon de Mlle Alcoque.
[2] Notice de A. Villers.

La terre de Chaumont n'est donc pas la seule qu'il ait employée, et ce n'est pas à ses qualités, vraiment particulières cependant[1], qu'on doit attribuer l'idée première, non plus que la délicatesse d'exécution de ces médaillons. Certes, avant de s'en servir, il faisait subir à la terre un long et minutieux travail préparatoire[2], pour obtenir le « gras et la souplesse » dont il avait besoin; peut-être même la composait-il?... Il nous semble bien difficile de nous prononcer, la cuisson de la terre rendant l'analyse à peu près impossible. En outre, de quelque endroit qu'elle vienne, la terre n'est pour rien non plus dans la dureté ni dans la couleur, sur lesquelles influent seulement le degré et la durée de la cuisson; les potiers que nous avons pu consulter sont unanimes à ce sujet, et nous avons pu nous en assurer nous-même à plusieurs reprises.

Un de nos amis a eu la très bonne fortune, en effet, de pouvoir faire exécuter par M. Balon, successeur du célèbre céramiste blaisois Ulysse Besnard, un grand nombre des médaillons de Nini, dont il possédait les moules. Nous avons suivi cette expérience avec le plus grand intérêt, et nous avons pu reconnaître que la finesse et le modelé ne dépendaient en rien de la terre; notre ami s'en était procuré dans trois endroits différents, l'avait fait préparer longtemps à l'avance, et les résultats ont été identiques. Cuits d'une façon égale, (autant qu'il est possible) dans la même fournée, les médaillons n'en sortaient pas avec la même couleur; il y en avait d'un ton presque blanc-gris; d'autres, au contraire, de celui de la terre cuite. Mais la généralité était entre ces deux teintes, que nous avons rencontrées quelquefois aussi du reste dans le même médaillon.

Ces différences se remarquent également dans les moules, que nous avons pu étudier tout à notre aise, tous en terre cuite, et d'une dureté vraiment extraordinaire. L'article 6 du traité parle des « creux » qui faisaient alors partie de l'atelier de Nini. Il est évidemment question ici des moules des médaillons que nous avons trouvés désignés plus haut « creux, médaillons en terre-porcelaine, soufre et plâtre », ce qui nous amène naturellement à nier, après M. le marquis des Méloizes, que les moules primitifs aient été faits en métal.

[1] En effet, nous avons remarqué que cette terre, avec un degré de cuisson moindre, donne à peu près le gras et la souplesse des anciens médaillons; cuite au même degré que la terre de Beauce par exemple, elle subit un commencement de vitrification, dû sans aucun doute au sable qu'elle contient.

[2] Il est indispensable de laisser au moins pourrir la terre pour le travail le plus humble de poterie; par conséquent plus le travail s'élève, plus les soins à donner à la manipulation de la terre doivent être méticuleux.

II

Les potiers, céramistes, graveurs en médaillons et collectionneurs auxquels nous avons présenté la divergence d'opinions émises par MM. Villers et Demmin d'une part, et M. des Méloizes de l'autre, se sont justement rangés à celle de ce dernier, qu'ils ont appuyée de toute leur autorité. On se demande, en effet, ce que ferait la terre fraîche et quel serait son retrait dans un moule métallique qui n'absorberait pas l'humidité de l'argile? Car pour mouler avec de la terre d'une façon avantageuse, il est reconnu que la porosité de la matière du moule est indispensable afin d'éviter l'adhérence, nuisible et contraire à un bon résultat.

Nous en arrivons donc à chercher à définir la marche que suivait Nini : les uns prétendent que, graveur de son état, il a dû tout naturellement employer les ressources que lui offrait cet art; aussi adroit qu'ingénieux, il fondait en un métal quelconque, dans un moule de sable obtenu sur sa maquette, un premier médaillon assez grossier, sur lequel il travaillait alors au burin; de là ces prodiges de finesse impossibles à obtenir avec l'ébauchoir, dit-on, si fin qu'on l'imagine. Sur cette épreuve métallique il tirait ensuite un bon creux en terre et le faisait cuire, répétant plusieurs fois ce travail si c'était nécessaire, un trop long tirage devant forcément nuire à la perfection des moules; dans cette hypothèse, comme dans la suivante, nous trouvons l'explication de la répétition des moules pour un seul et même médaillon.

Les autres, tenant compte de l'esprit inventif de Nini, ont pensé qu'il avait dû s'attacher à simplifier son procédé, si toutefois on peut appliquer ce terme peu artistique à des œuvres qui sont l'expression de l'art le plus consommé. Ils ont admis que la maquette sortie des mains de l'artiste était aussi finie, aussi soignée que le médaillon lui-même, et que cette maquette était faite avec une matière plastique quelconque, avec de la cire, à notre avis, sur laquelle, une fois sèche, Nini devait prendre autant de creux en terre cuite qu'il voulait, suivant les besoins du tirage.

Cette opinion nous semble la plus admissible, et nous en donnerons plus loin la raison. Avant tout, elle écarte l'idée de l'emploi du métal. Les archives de Chaumont, pas plus que le contrat de 1772, ne mentionnent d'autres fours ni un autre outillage que ceux en usage pour la poterie ou la cristallerie. Bien plus encore, dans les milliers de mètres cubes de terre qui ont été remués à Chaumont depuis vingt années, où l'on a trouvé tant de moules en terre cuite et de médaillons cassés, il n'a pas été mis au jour le plus petit vestige de métal, ce qui nous semble suffire à prouver que le métal n'y a jamais été employé. Quant à la légende des moules en cuivre, que l'on nous dit avoir été achetés à la vente mobilière faite à Chaumont vers 1820, et revendus ensuite à un fondeur de Blois qui les aurait détruits pour les transformer en « bons lingots », M. des Méloizes y a, selon nous, fort judicieusement répondu, malgré la présence d'un moule métallique figurant à l'Exposition universelle de 1867, dans la galerie du Travail : « C'est, dit-il, une œuvre très précieuse, mais, sans aucun doute, de la même catégorie que le médaillon en cuivre repoussé[1] de M. le docteur Guérard, de Paris, c'est-à-dire très probablement unique. »

Quant aux outils de Nini, M. Edmond Riffault, arrière-petit-fils du notaire en l'étude duquel avait été déposé son testament, les a eus longtemps en sa possession sans en connaître la valeur, et les a donnés, il y a dix ans environ, comme excellents ébauchoirs, à M. A. Didier, sculpteur à Orléans, conservateur du musée de cette ville.

« ... A la mort de mon grand-père, nous dit M. E. Riffault, nous avons trouvé dans sa bibliothèque, avec beaucoup d'objets inutiles ou hors d'usage, un papier enveloppant de petits bâtons d'ivoire sans aucune indication ; les uns étaient habilement façonnés, et je reconnus bien vite des ébauchoirs, qui, à première vue, n'offraient rien de particulier, dont les extrémités même paraissaient cassées.

« Trouvant un jour les ébauchoirs de mon ami Didier un peu lourds et difficiles à manier, je me souvins de ceux de mon grand-père et lui en fis cadeau. Didier, surpris de leur forme originale, les examina avec plus de soin que je ne l'avais fait moi-même, et constata que, loin d'être cassées, les extrémités étaient très minutieusement travaillées ; enfin que l'une d'elles imprimait de la façon la plus distincte le mot « Nini ». Ce fut une révélation, et un nouvel examen plus scrupuleux nous fit retrouver dans quelques-uns de ces outils des espèces de frappes reproduisant des fleurs de lis, des boutons, des boutonnières,

[1] Il est aussi signalé par Demmin, dans son excellent ouvrage *Guide de l'amateur de faïences et de porcelaines*...

des croisillés d'étoffe, etc. etc., toutes employées par Nini pour les parties les plus délicates de ses médaillons. »

Nous ajouterons à ces renseignements circonstanciés que la plupart des ébauchoirs sont encore aujourd'hui couverts de la cire qui, sans aucun doute pour nous, a été la matière plastique employée par Nini pour le premier jet de son travail[1].

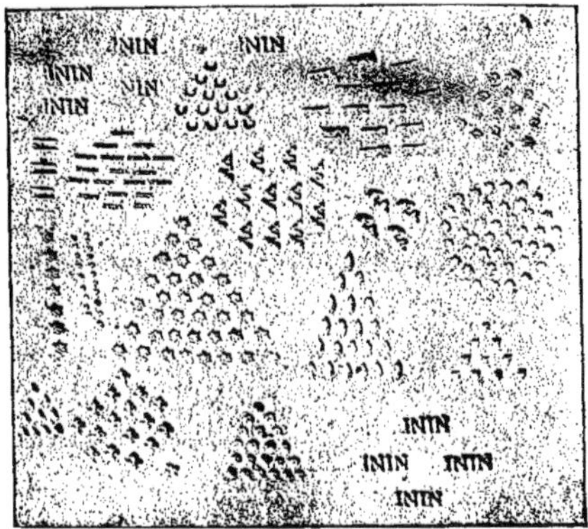

M. Le Ray ne se croyant pas « dans le cas de retirer les outils de Nini » suivant l'estimation portée par l'inventaire, les avait abandonnés aux héritiers, qui les avaient alors vendus ou donnés à Me Riffault.

III

Nous avons donc eu la chance extraordinaire de rencontrer à la fois une très grande partie des outils de Nini et une cinquantaine de ses moules en terre cuite. Après avoir étudié consciencieusement les uns et les autres, nous n'avons pu que corroborer l'opinion de M. le marquis des Méloizes, opinion que son instinct de chercheur lui avait suggérée, qu'il ne craignit pas de faire valoir en regard de celles émises par MM. Demmin et Villers, et qu'il réussit même à faire partager par ce dernier. Quoi de plus simple, en effet, et de plus ingénieux que cette exécution basée sur une habileté et une facilité surprenantes, augmentées par la connaissance consommée de la gravure et de la

[1] On peut aussi admirer, dans les collections de Chaumont, un charmant médaillon de cire d'une conservation parfaite, dont on ne connaît pas encore la reproduction en terre cuite. Voir Villers, p. 24.

sculpture, à l'étude desquelles il avait consacré les premières années de sa vie[1].

Et même son origine italienne ne fut pas étrangère au développement de son talent. Plus que tout autre, en effet, ce peuple a le don inné de tous les arts, à l'étude approfondie desquels sa nature indolente l'empêche de se livrer; et il est impossible que le spectacle continuel des meilleurs modèles de l'Antique et de la Renaissance n'exerce pas une heureuse influence sur l'esprit des Italiens.

Aussi retrouvons-nous en Nini l'inspiration de l'Antique dans les superbes médaillons, dits bustes à l'antique, de Louis XV, de Louis XVI, de Marie-Antoinette, de Catherine II de Russie, de Marie-Thérèse d'Autriche et de Franklin. La Renaissance lui est non moins familière, et on en reconnaît le sentiment dans cette large manière de draper les étoffes, comme dans l'agencement des coiffures. L'on peut, à ce double titre, comparer aux médailles du XVIe siècle les portraits du marquis de Paroy, de Gamot, du prince de Beauvau, etc. etc., et ceux de Catherine II, en costume impérial, de Mmes de Nivenheim et de la Reynière, de Mlle Alcoque et aussi de la femme coiffée de plumes d'autruche dont le nom n'est pas parvenu jusqu'à nous[2].

L'élégance du XVIIIe siècle venant ajouter une nouvelle ressource à celles dont disposait déjà Nini, il est tout naturel qu'il se soit créé un genre absolument personnel, plein de charme et d'harmonie, de délicatesse et de précision; la science du dessin et la sûreté de la touche s'y rencontrent avec la puissance du relief et la finesse de l'exécution. Un seul détail est à critiquer cependant, à notre très humble avis : le regard manque quelquefois d'expression, ce qui donne aux personnages une apparence d'étonnement. Mais il ne faut pas oublier que l'étude détaillée de la figure n'avait pas dû prendre beaucoup de place dans la vie de l'artiste arrivé, dès son enfance et du premier coup, à saisir l'ensemble de la nature, sans l'assistance d'aucun autre maître qu'elle. Cette faiblesse disparaît du reste, noyée dans la perfection générale de la composition, aussi bien dans les médaillons qui portent la date de 1762, 1763, 1764, etc., que dans ceux faits vingt ans plus tard, en 1781, 1783, 1785, quelle qu'en soit la coloration. Les ombres sont surtout harmonieuses lorsque cette coloration est d'un ton gris jaune qui rappelle celle de la toile écrue, ton doux et chaud tout à la fois,

[1] M. Ch. Petit nous a fait voir, dans la belle collection de médaillons qu'il a réunis à Blois, un bas-relief en terre cuite, du diamètre de 0,20 à 0,25, représentant une jeune femme très simplement ajustée. Cette terre cuite est signée J.-B. Nini, 17...; sur le cadre est écrit Madame Roland. Il y a certainement dans l'ensemble de la physionomie quelque ressemblance avec cette femme célèbre.

[2] Voir plus loin, au Catalogue, p. 141.

particulièrement recherché des collectionneurs. On voit aussi quelques médaillons avec couvertes rouges, brunes ou vertes, couvertes très légères, mais donnant cependant un peu d'empâtement et de sécheresse, ce qui nuit à l'aspect général et enlève au médaillon la plus grande partie de sa valeur.

Les ressources du talent de Nini étaient grandes et variées; nous en avons la preuve dans les divers portraits qu'il a faits de Franklin. Ces portraits offrent deux aspects[1] essentiellement distincts : quatre sont des bustes à l'antique; les traits du modèle y sont les mêmes, mais la date et la légende y sont différentes. Ce sont en quelque sorte les portraits officiels du savant et de l'homme d'État. Les autres, au contraire, représentent « B. Franklin Américain » d'une façon tout intime : dans l'un, il est coiffé du bonnet de fourrures que cette reproduction a fait universellement connaître[2]; un autre, en tous points semblable au premier, mais beaucoup plus rare, nous montre Franklin avec des lunettes sur le nez. Le dernier diffère des deux premiers par la coiffure; le bonnet de fourrures y est remplacé par un long bonnet en étoffe dont l'extrémité pointue est repliée sur le côté; c'est une sorte de bonnet de la liberté, rappelant la coiffure des pêcheurs du golfe de Naples.

Le médaillon de Franklin à bonnet de fourrure est sûrement l'œuvre la plus répandue de Nini; il était en effet expédié par milliers en Amérique, en tonneaux dont quelques-uns ont été retrouvés à Chaumont et à Nantes, n'étant jamais partis pour leur destination. L'admiration que Nini devait avoir pour Franklin et l'inépuisable fécondité de son talent l'avaient inspiré sans doute si heureusement que ce portrait, l'emportant de beaucoup par sa simplicité, par son caractère de bonhomie, sur tous ceux faits à cette époque, fut choisi par Franklin lui-même pour vulgariser ses traits dans tous les États-Unis[3]. Cet hommage aurait dû suffire à perpétuer, à Chaumont au moins, le souvenir de l'artiste auquel

[1] Voir plus loin, au Catalogue, pp. 113, 114 et suiv.

[2] Il existe une variante de ce médaillon, un peu plus grande dans son ensemble seulement.

[3] Un grand nombre d'œuvres d'art furent alors exécutées pour perpétuer le souvenir de l'Indépendance des États-Unis. Outre ces portraits de Franklin, faits à Chaumont, il existe au musée céramique de Sèvres un médaillon en porcelaine tendre de cette fabrique, avec encadrement en relief et filets dorés, représentant en noir mat un nègre enchaîné à genoux, dans l'attitude de la prière, avec cette légende : « Ne suis-je pas un homme? un frère? » Et un autre de Wedgwood, de forme ovale, en biscuit, représentant le même sujet, avec variantes dans la figure du nègre et dans l'inscription : « Am y not a man and a Brother? » A l'encontre du portrait de Franklin par Nini, ces deux médaillons ne se trouvent que fort rarement. — Voir aussi au sujet des portraits de Franklin conservés à Sèvres, un article du *Bulletin des musées* (15 janvier 1891), par Ed. Garnier, conservateur du musée et des collections céramiques.

il était rendu! Cependant lorsque, trente-sept ans plus tard, en 1823, M. d'Etchégoyen achetait au fils de M. Le Ray la terre et le château[1], avec les établissements tels que Nini avait été appelé à les diriger, nous n'y trouvons plus aucune trace de son séjour. La fabrication de la poterie y fut bien continuée, mais il ne restait plus aucun vestige de l'impulsion artistique que Le Ray avait tenté de lui donner : les baux de terre à poterie que nous avons retrouvés, terre qui devait être, comme par le passé, toujours prise à des endroits déterminés, nommés « le bois des Chambres et les prés de l'Écrevissoire », ne mentionnent même plus ce nom, qui avait pourtant jadis brillé d'un si vif éclat en France, tandis qu'il continuait à être ignoré en Italie[2].

Nous pensons que maintenant l'existence et l'individualité de Nini, résolument niées en 1884, sembleront à tous pleinement démontrées; cette présomption vraiment extraordinaire a cependant fait l'objet d'une brochure intitulée :

Claude Gautherot, dit J.-B. Nini; ses terres cuites, ses biscuits divers. Notes et souvenirs par ses arrière-petits-enfants.

Nous n'entreprendrons pas de répondre à cette brochure, et nous trouvons superflu de la réfuter. Il n'y a en effet qu'un seul et même personnage, Jean-Baptiste Nini, désigné par l'acte paroissial d'Urbino de mars 1717, cité à plusieurs reprises par les archives de Pesaro, graveur et sculpteur renommé en Italie, en Espagne et en France, pensionnaire enfin de Le Ray de Chaumont, depuis 1772 jusqu'en 1786, date de sa mort à Chaumont-sur-Loire.

Nous sommes heureux d'avoir contribué à faire connaître un peu plus complètement aujourd'hui sa vie et son œuvre, et nous emportons avec nous l'espoir de voir comblées par d'autres, plus érudits et mieux éclairés que nous, les diverses lacunes que nous avons, à notre très grand regret, été obligé de laisser subsister dans cette courte notice.

[1] J.-D. Le Ray de Chaumont céda la propriété tout entière à son fils en 1791; mais il ne cessa pas d'habiter Chaumont, dont il conserva la jouissance jusqu'à sa mort (1803).

[2] Il est à remarquer qu'aucun personnage de son pays natal ne figure parmi les modèles de Nini.

PIÈCES JUSTIFICATIVES

ACTE DE BAPTÊME DE JEAN-BAPTISTE NINI

Nel nome Ssmo di Dio. Così sia.

Attestasi per me infrascritto, che dai libri originali dei nati e battezzati esistenti nell'archivio parrocchiale di questa insigne chiesa metropolitana di Urbino a pag. 184 n° 1039 lib° D, risulta il seguente atto :

« Adì 19 marzo 1717,

« Gio: Battista figlio di Domenico, Antonio Nini, e di donna Agata Vagnini. Compare il sig^r arcip^te Gio: Battista Lazzari. Comare Apollonia Sapilli mam^na. Battezzo il sacerdote Carucci sagrestano.

« In fede di che si rilascia l'attestato presente in carta da bollo per uso di notizie storiche, munendolo del solito sigillo et della mia firma seguente.

« Urbino dalla residenza parrocchiale della metropolitana questo dì 8 agosto 1888.

« Per il Parroco,

« Il capp° Giuseppe Chimenti. »

« Curia arcivescovile di Urbino.

« Visto. Si certifica vera la retroapposta firma del R^do S^gr Don Giuseppe Chimenti cappellano del R° curato di questa chiesa metropolitana.

« Urbino, 10 agosto 1888.

« Ladislao Cameci, cancel.-arci. »

Au nom très saint de Dieu, ainsi soit-il.

Je, soussigné, atteste que des livres originaux de gens nés et baptisés existant dans les archives paroissiales de cette insigne église métropolitaine d'Urbino, à la page 184, n° 1039, livre D, provient l'acte suivant :

« Aujourd'hui, 19 mars 1717,

« Jean-Baptiste, fils de Dominique-Antoine Nini et de dame Agathe Vagnini. Parrain, M^r l'archiprêtre Jean-Baptiste Lazzari. Marraine, dame Apollonie Sapilli, sage-femme. Le prêtre Carucci, sacristain, donna le baptême.

« En foi de quoi on délivre l'attestation présente sur le papier timbré en usage pour les notes historiques, en la revêtant du sceau habituel et de ma signature, ainsi qu'il suit :

« Urbino, de la résidence paroissiale (ou du curé?) de la métropolitaine, aujourd'hui, 8 août 1888.

« Pour le Curé,

« Le chapelain Joseph Chimenti. »

« Curie archiépiscopale d'Urbino.

« Vu. Je certifie vraie la signature ci-dessus apposée du R^d M^r don Joseph Chimenti, chapelain du R^d curé de cette église métropolitaine.

« Urbino, 10 août 1888.

« Ladislas Cameci, chanc.-arch. »

TRAITÉ PASSÉ ENTRE J.-D. LERAY ET J.-B. NINI

Par devant les conseilliers du Roy notaires au Châtelet de Paris soussignés, furent présents Mre Jacques-Donatien Le Ray chevalier seigneur de Chaumont-sur-Loire et autres lieux, conseillier du Roy en ses conseils, grand maître honoraire des eaux et forêts, intendant de l'hôtel royal des Invalides, y dem[t] paroisse Saint-Louis d'une part;

Et s[r] Jean-Baptiste Nini, sculpteur et graveur dem[t] à Paris, grande rue du Faubourg-Saint-Honoré, paroisse de la Madeleine de la ville l'Évêque, d'autre part.

Lesquels ont dit que l'objet de cet acte est d'arrêter entre eux les conditions sous lesquelles le sieur Nini doit aller habiter incessament la terre de Chaumont.

Article premier.

Le s[r] Nini s'oblige de montrer aux habitans du lieu à graver et à tailler les ouvrages de cristal qui se fabriquent dans la verrerie dud s[r] de Chaumont et qui en sont susceptibles. Tous les avantages qui en pourront résulter tourneront au profit de Mr de Chaumont seul, sans que led s[r] Nini puisse jamais y avoir la moindre part.

Article 2.

Led s[r] Nini dirigera les tuileries dud sieur de Chaumont et y fera faire au mouton des pièces de parquet de terre, des carreaux, des briques, des tuiles et même des vases de jardins et bâtiments. Il y exercera aussy son art de faire des médaillons de terre cuite. Tous ces ouvrages se feront à moitié perte et profit entre M. de Chaumont et luy.

Article 3.

Mond s[r] de Chaumont s'oblige de son côté :

1° A payer les frais de voyage dudit sieur Nini l'emballage et le port de tout ce qui compose son atelier à Paris;

2° De lui fournir à Chaumont un logement convenable pour lui et pour sa famille, et pour y monter les ateliers nécessaires à son travail en tout genre, et qu'il soit tel par rapport aux ouvrages de tuilleries, que l'on puisse y faire construire avec commodité un petit four à la mode des faiseurs de carreaux de Paris, où l'on fera cuire chaque semaine de l'année sans interruption; ce qui suppose qu'il sera entouré de lieux propres à faire sécher pendant l'hiver les ouvrages destinés à la cuisson;

3° De lui avancer ce qu'il lui faudra pour faire venir de Madrid à Chaumont sa femme et sa fille;

4° De lui fournir annuellement quatre cordes de bois pour son chauffage;

5° De faire toutes les dépenses nécessaires pour la construction des fours et hangars et autres choses nécessaires pour mettre les tuilleries en état d'exploitation, même de payer s'il en est nécessaire, pendant quelque temps, un ouvrier de Paris pour veiller à la construction du petit four et à son chauffage;

6° De faire toutes les dépenses qu'exigeront l'arrangement des ateliers dud s[r] Nini et la construction des outils propres à graver et à tailler le cristal; ledit sieur Nini ne pourra pourtant rien répéter de ce qu'il en fera par lui-même.

Article 4.

L'établissement une fois fait aux frais de mondit sieur de Chaumont, tous les bénéfices, ouvrages en terre qui s'y fabriqueront, seront partagés par moitié entre lui et led s[r] Nini. Mr de Chaumont fera les avances du tirage et du transport des terres, du bois pour le chauffage des fours et du paiement des ouvriers; et il n'y aura de bénéfice qu'après le prélèvement qui aura été fait de ces objets, ainsi que de ce qu'il en pourra coûter pour l'entretien des fours et des outils. S'il y a des pertes, elles seront également supportées par moitié.

Article 5.

Comme le bois se prendra sur la terre de M. de Chaumont, il sera fourni par lui au même prix qu'il se vendra au public.

Article 6.

Dès que les instruments, les outils et les creux et poinçons de médailles qui composent actuellement l'âtelier dud s[r] Nini à Paris seront arrivés à Chaumont, il en sera fait un état double entre lui et le fondé de pouvoir de Monsieur de Chaumont, afin qu'ils ne se trouvent point confondus dans les outils qui seront construits par la suite.

L'usage et le produit de ces outils seront communs aud s[r] de Chaumont et aud s[r] Nini; les outils nouveaux qui seront faits appartiendront aud s[r] de Chaumont, excepté les creux et poinçons des nouvelles médailles que led s[r] Nini pourra faire; la propriété de ces creux et de ces poinçons sera partagée entre lui et led s[r] de Chaumont. Mais, lors du décès dud s[r] Nini, il sera libre aud s[r] de Chaumont et à ses ayant causes de retenir les outils actuels dud s[r] Nini et les nouveaux creux et poinçons de médailles, en payant à ses héritiers la valeur à laquelle ils seront estimés.

Article 7.

Comme ledit sieur Nini se servira des outils qu'il a actuellement pour travailler aux nouveaux qui seront nécessaires, ils seront partagés et entretenus aux frais de Mr de Chaumont, lorsqu'ils auront besoin de l'être, afin que leur valeur dans le cas prévu par l'article 6 ne soit pas diminuée.

Article 8.

Led s[r] Nini rendra à mond s[r] de Chaumont ce qu'il lui aura avancé pour le voyage de sa femme et de sa fille sur la moitié des bénéfices.

Article 9.

La présente société finira par la mort dudit s[r] Nini seulement.

Article 10.

Mond s[r] de Chaumont, pour récompenser led s[r] Nini des soins qu'il se donnera pour montrer à tailler et graver le cristal, lui crée et constitue par ces présentes douze cents livres de rente et pension viagère exempte de toutes retenues de vingtièmes et autres impositions publiques, à la charge par led s[r] Nini d'employer tous ses talents et son temps sans exiger aucun autre salaire à toutes les choses exprimées ci-dessus; laquelle rente et pension viagère mondit sieur de Chaumont s'oblige de payer aud s[r] Nini à compter de ce jour par quartier, jusqu'à sa mort; à quoy il affecte, oblige et hypotèque sa terre de Chaumont et dépendances seulement.

Pour l'exécution des présentes les parties élisent domicile chacune en leur demeure à Paris, ci-devant déclarée, auquel lieu nonobstant, promettant, obligeant, renonçant.

Fait et passé à Paris sçavoir à l'égard de mondit sieur de Chaumont en sa demeure susdésignée, et pour ledit sieur Nini, en l'étude, l'an mil sept cent soixante-douze, le premier jour d'octobre. Et ont signé, Le Ray de Chaumont J.-B. Nini, la minute des présentes demeurée à Me Dehérain, l'un des notaires soussignés.

Signé : Dehérain et Fourcault.

Lettre du sieur Berthevin au directeur de la manufacture de Sèvres :

« De Chaumont, 16 mai 1776.

« Monsieur,

« Ce que j'ai prévûe l'anné passé, m'arrive présentement. M. de Chaumont voyant des manufactures bien établie commence à me bouder très fort ; je prend la liberté Monsieur de me recommender à vos bontés et à votre illustre protection. J'ai d'autant plus de confiensce à vous demender cette grasse, que vous m'avée fait l'honneur de m'assurer que en pareille cituation où je me trouve présentement, que votre bonté me tendrois toujours les bras, et que je pouvois compter sur votre bienveillans. C'est dans cette flateuse espéransce que je prend la liberté de vous offrir, et mes talens et mon zelle. Daignez par votre bonté les accepter.

« Mr Nini n'étant pas disposée à quiter Chaumont ; si quelqu'une des lumières que j'ai acquis (en outre de mon talens particulier) peuves estre utiles à la manufacture, je me ferai un devoir de les communiquers.

« Je vous prie Monsieur de ne point communiquer cette lettre à M. de Chaumont ; la prudence et la certitude d'un sort m'oblige à me pourvoir, cependant il est possible que M. de Chaumont s'en fâche s'il en étoit instruit.

« Je suis avec un très profond respecte, Monsieur,

« Votre très humble et très obéissant serviteur,

« Signé : P. Berthevin.

« Aux chateau de Chaumont-sur-Loir, à Chaumont par Ecure (*sic*). »

(*Archives de la manufacture de Sèvres.*)

TESTAMENT DE J.-B. NINI

Ceci est mon testament.

Je déclare que voulant reconnetre lattachemet que me porte Jacques Desniau mon garceon potier de terre et lamitié que jai pour lui, je le fait et institue pour mon légataire universel de tout mon bien meuble et imeuble sans réserver pour en jouir et disposer par ledit Desniau en toute proprété à compter du jeour de mon déceds, et pour l'exécution de mon présent testament, je nome Madame veve Dumont directrice de carosse à Blois que je prie vouloir bien s'en charger. Je révoque tout autre testament que je pourrojes avoir fait, voulant que le présent seul ait lieu et soit exécuté come étant mon intention et ordonance et dernière volonté.

Fait à Chaumont sur Loire le 12 décembre mil sept cent quatre vingt quatre.

J. B. Nini.

EXTRAIT DU REGISTRE MORTUAIRE

DE LA PAROISSE DE CHAUMONT-SUR-LOIRE (ANNÉE 1786)

Le trois mai mil sept cent quatre vingt six a été inhumé le sieur Jean Baptiste Nini, artiste graveur, pensionné de Monsieur Leray de Chaumont, intendant de l'Hotel royal des Invalides, Grand Maître honoraire des Eaux et forets de France et seigneur de cette paroisse, né en Italie et marié en Espagne, où sa femme demeure, décédé hier, âgé d'environ soixante dix ans, après avoir reçu dans sa maladie les sacrements de Penitence Eucharistie et Extrême-onction en présence de Jacques Deniau, son domestique, du sieur Boureau, huissier, de Nicolas-J[n] Barbier, de François de la Boissière, Gardes-chasse de la terre, de J[n] Richaudeau et autres, dont les non signants ont déclaré ne le savoir.

Signé au registre : Bourreau, François Laboissière,
Barbier et Joulin, curé.

PROCÈS-VERBAL DE COMMUNICATION DU TESTAMENT

Aujourdhuy trois may mil sept cent quatre vingt six, Nous Jean François Riffault notaire royal à Blois dépositaire du testament olographe du sieur J. B. Nini datté de Chaumont le douze décembre mil sept cent quatre vingt quatre, controlé et insinué cejourdhuy à Blois par le (S[r]?) Mouton qui a reçu les droits.

Instruit du décès dudit sieur Nini, nous nous sommes transportés au chateau dudit Chaumont sur Loire, et après nous être informé et assuré que ledit Sr Nini n'avait aucun hérittiers sur les lieux, nous nous sommes retirés chez Monsieur le Procureur fiscal de la justice dudit Chaumont où étant chez M. Marais nous y avons appellé Jacques Desniau légataire universel dud. S. Nini nommé par led. testament, à l'effet de leur donner lecture et communication dud. testament, en conséquence nous notaire susdit avons à l'instant fait lecture du susd. testament aud. M. Marais procureur fiscal et aud. Desniau légataire universel. Lequel testament commence par ces mots : Ceci est mon testament je déclare, et finit par ceux cy : à Chaumont sur Loire le 12 décembre mil sept cent quatre vingt quatre signé J. B. Nini avec paraphe. Laquelle lecture et communication led. M. Marais et Desniau ont déclaré avoir prise et entendue. Déclarant led. M. Marais que la lecture dud. testament ne pourra nuire ny préjudicier aux droits du seigneur de Chaumont, aux héritiers dud. Nini et de tous autres, faisant toutes réserves et protestations de droit.

Et lequel testament sera et demeurera déposé au présent acte, pour être mis au rang des minutes de nous notaire pour et en être délivré touttes expéditions requises, dont acte. Fait et passé au chateau dud. Chaumont dud. lieu en présence de Louis Boureau sergent et Jean Souvent journalier, demeurant aud. Chaumont, témoins à ce requis et appelés. L'an mil sept cent quatre vingt six, le dit jour trois may trois heures après mydy led. Deniau et led. Souvent ont déclarés ne savoir signé de ce interpellés lecture faite. Approuvé deux mots rayés nuls un renvoi bon et deux mots surcharges bons.

La minute porte cette mention :

Controlé à Blois le quatre may 1786 reçu quinze sols. Signé Mouton.

Et le quatrième jour de May mil sept cent quatre vintg six du matin, nous notaires soussignés sommes transportés au domicile de dame Marie Anne Legier veuve du sieur Amable Claudot Dumont directrice du bureau des carosses de cette ville paroisse Saint Nicolas, où étant nous Riffault l'un des dits notaires avons donné lecture et communication à la d. dame Dumont du testament olographe du sieur Jean Baptiste Nini, en datte du douze décembre mil sept cent quatre vingt quatre, controlé et insinué, annexé à l'acte de lecture des autres parts, par lequel la dite dame Dumont est nommée exécutrice testamentaire et Jacques Desniau légataire universel, laquelle lecture et communication, la ditte dame veuve Dumont déclare avoir prise et entendue et pour répondre à la confiance dudit sieur Nini accepter l'exécution du susdit testament.

Dont acte fait et passé à Blois demeure de la dite dame Dumont, les dits jour et an que dessus et a signé lecture faite.

Signé Legier veuve Dumont, Riffault notaire.

La minute porte cette mention :

Controlé à Blois le quatre may 1786 reçu vingt quatre sols. Signé illisiblement.

Suit la teneur du testament.

PROCURATION DU 11 MAI 1786

Par devant les notaires royaux à Blois soussignés Est comparüe Dame Marie Anne Legier veuve du sieur Amable Claudot Dumont directrice des Messageries royalles de France au bureau de Blois y demeurant paroisse Saint Nicolas au nom et comme ayant l'exécution du testament (olographe) du sieur Jean Baptiste Nini, datté de Chaumont du douze décembre mil sept cent quatre vingt quatre controllé et insinué au bureau de Blois.

Laquelle au dit nom a fait et constitué pour son procureur général et spécial le sieur Jules Cézar Alexandre Naudin praticien demeurant à Blois paroisse Saint Martin.

Auquel elle donne pouvoir de requérir la mainlevée et reconnaissance des scellés apposés au domicile dudit Sr Nini au chateau de Chaumont sur Loire, faire procéder à l'inventaire des meubles et effets mobilliers, dettes actives et passives dépendant de sa succession en présence du légataire universel institué par ledit testament ou dument appellé et de Monsieur le Procureur Fiscal du comte dudit Chaumont, y faire tous dires, réserves, déclarations et protestations, signer les actes nécessaires et généralement faire pour raison de ce que dessus circonstances et dépendances tout ce que ledit sieur procureur constitué jugera à propos promettant l'avoir pour agréable, obligeant.

Fait et passé à Blois Etude, l'an mil sept cent quatre vingt six, le onze may du matin et a la dite dame comparante signé.

RIFFAULT.

La minute porte cette mention :

Controlé à Blois le onze may 1786 reçu quinze sols.

ADDITIONS

Le musée de Blois possède trois gravures à l'eau-forte, œuvres de jeunesse de J.-B. Nini. Ce sont trois paysages un peu conventionnels, dessinés et composés à la manière italienne, datés de Bologne 1739 et 1740.

N° 402 du catalogue du musée de Blois. — Paysage à la manière italienne. Au premier plan, un berger, des bœufs, des arbres et des rochers. Au second plan, une ferme et, dans le lointain, des montagnes. On lit au bas de la gravure : « Jean-Baptiste Nini d'Urbin inventa et fit, l'an 1740, à Boulogne (*sic*).

N° 403. — Paysage à la manière italienne. Au premier plan, une rivière avec cascade; arbres et rochers. Au second plan, des bergers, des bœufs, une ferme, et, dans le lointain, des rochers.

Gravé au bas de la planche : « Gio Bâtta Nini invento e fece 1739. — Ferdinan. Pizarri For. in Bolo... »

N° 404. — Paysage à la manière italienne. Au premier plan, de l'eau, des rochers, un arbre et deux personnages. Au second plan, un pont, une tour, des rochers, etc.; dans le lointain, des montagnes.

Gravé au bas de la planche : « Gio Bâtta Nini Urbinate inven. e fece 1739. Ferdinando Pisarri... (le reste est effacé). »

On lit sur ces gravures, écrit à la main : « Offert à M. Villers, directeur du musée de Blois, par Ernest Nini, petit-neveu de l'auteur. »

Les collections de Chaumont renferment quatre gravures de Nini, dont deux sont datées de 1739; elles représentent des monuments en ruine, thermes, temples ou basiliques, tels que ceux de la campagne romaine, avec des personnages au premier plan. Dans le lointain de l'une on distingue l'une des sept collines de Rome. Toutes deux portent la même signature : Gio Bâtta incise 1739.

Les deux autres ont été exécutées vingt ans plus tard, à Paris; la première représente un paysage dans le lointain duquel on voit, sur des hauteurs, un ensemble de maisons, d'église, etc. etc. Sur le devant, à gauche, un étang avec un moulin, et au premier plan un grand arbre au pied duquel un pêcheur à la ligne est vu de dos. Un peu plus loin, à droite, sont deux grands arbres et deux voyageurs, l'un à cheval et l'autre à pied. Elle est signée : « Johannes Nini Urbinatensis invenit et delineavit Parisiis. Anno Domini MDCCLVIII. » La seconde porte la même signature, mais est datée de MDCCLIX. Elle représente un paysage beaucoup plus boisé; à gauche, une habitation apparaît dans le fond, entre les arbres; sur le devant, deux grands arbres; au centre, un mamelon couronné d'arbres. Un homme donnant le bras à une femme et la main à un enfant se dirige vers le fond. A droite, sur le côté, un grand arbre tordu ; sur le devant, un étang, avec deux pêcheurs à la ligne vus de dos. Dans le fond, une grande ferme se détache sur un fond de verdure moutonnant.

Voici en quels termes M. Villers donne la description du fameux verre à boire de Nini, d'après un ouvrier qui avait eu fréquemment l'occasion d'admirer ce chef-d'œuvre :

« ... L'artiste y avait gravé une chasse royale tournant tout autour. On y voyait le roi à cheval à la tête des seigneurs de la cour, quittant le château de Versailles avec une meute nombreuse pour courre le cerf. — A moitié cachée par les arbres, on apercevait la pauvre bête tout inquiète...

Ah ! si vous aviez vu comme c'était fait, les chiens si petits, si petits, qu'ils étaient tout juste assez gros pour qu'on put les voir, leurs petites pattes, leurs petites queues, tout y était, quoi ! Aussi il y tenait joliment à son verre ! Il le serrait tous les soirs dans un étui de chagrin doublé de belle soie. M. Foucault, ancien médecin du roi, etc. etc... »

Les collections de Chaumont renferment deux verres gravés par Nini, qui ne le cèdent en rien, pour la délicatesse de l'exécution, à celui que M. Villers a décrit. Sur l'un est représenté, dans un paysage accidenté par une colline, un chasseur faisant feu sur un lièvre qui s'enfuit poursuivi par deux chiens; d'autres lièvres se sauvent en gravissant la colline, tandis que les oiseaux effrayés par le coup de feu s'enfuient à tire-d'aile.

Sur l'autre verre, on voit une scène de pêche. Une habitation de campagne est bordée par une rivière sur laquelle une embarcation est amarrée ; le pêcheur, debout dans cette barque, est occupé à tirer son filet hors de l'eau. A travers les mailles du filet on voit de petits poissons qui cherchent à s'échapper en se débattant. Plus loin, on aperçoit un pêcheur qui traverse le paysage, emportant son filet sur l'épaule et semblant regagner son logis.

CATALOGUE

Nous ne pouvons pas avoir la prétention de citer dans ce Catalogue tous les médaillons qui composent l'œuvre de Nini, quels qu'aient été nos efforts pour le donner aussi complet que possible. Il peut se faire que quelques-uns aient échappé à nos recherches.

Les numéros qui figurent sur certains médaillons reproduits étant ceux qui leur avaient été donnés dans des collections particulières, n'ont aucun rapport avec ceux du présent Catalogue; il n'y a donc pas lieu d'en tenir compte.

Les reproductions des médaillons sont faites aux deux tiers de l'original.

A. STORELLI.

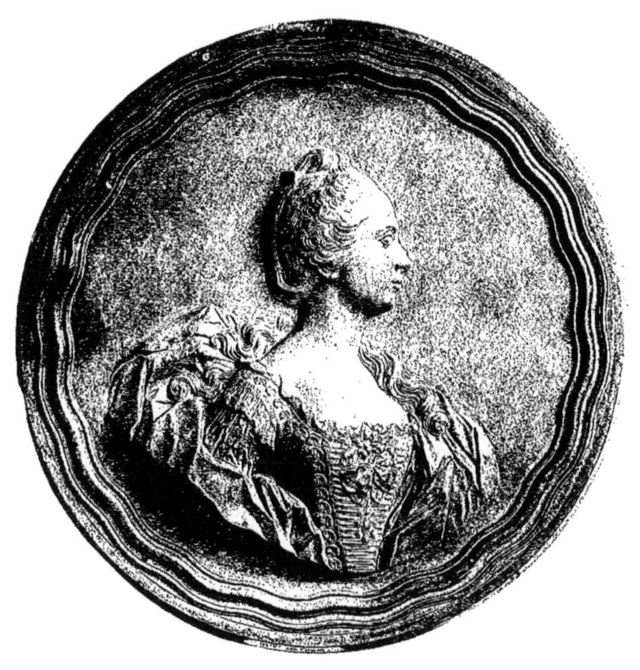

I

TÊTE DE FEMME A DROITE, GRAND MODULE.

Cheveux relevés et frisés devant, découvrant l'extrémité de l'oreille; ceux de derrière sont légèrement ondulés et tombent sur le cou, formant une grosse boucle reployée jusque sur le sommet de la tête, où elle est fixée par un peigne; deux autres boucles flottent sur le cou et sur le dos, une troisième sur l'épaule gauche. = Robe en étoffe unie; corsage décolleté, lacé devant et bordé d'une passementerie; large nœud de corsage formé d'une double boucle de ruban, surmonté d'un bouquet de fleurs, et soutenant une pendeloque de pierreries. Le corsage est bordé d'une dentelle très basse; les manches sont plissées et ornées d'une dentelle ruchée et tuyautée. Manteau drapant largement le buste. = Encadrement à filets ondulés. Signé en creux, sur la saillie du buste : J B NINI F 1762

Collection du prince A. de Broglie.

Figure au musée de Cluny sous le nom de Mademoiselle Alcoque.

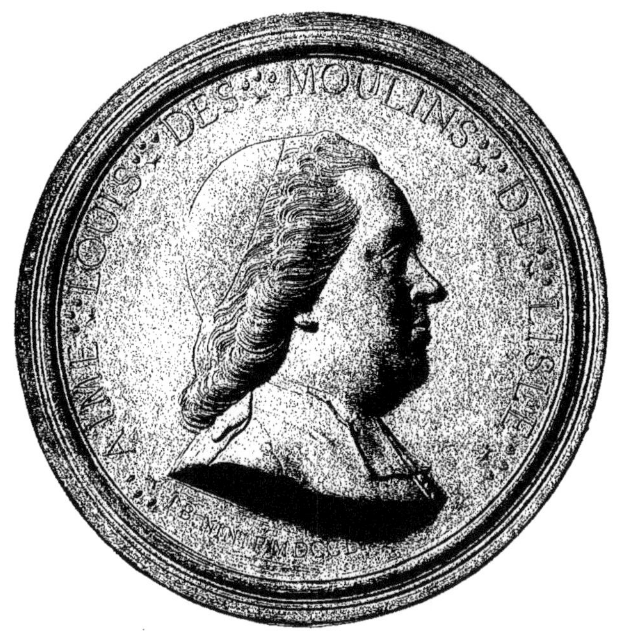

11

TÊTE D'ECCLÉSIASTIQUE A DROITE, GRAND MODULE.

⁖ AIMÉ *⁖* LOUIS *⁖* DES *⁖* MOULINS *⁖* DE *⁖* LISLE *⁖*

J. B. NINI. F. M DCC LXII.

Cheveux relevés et bouclés devant, tout autour de la tête et jusque sur le dos, découvrant à demi l'oreille; ceux de derrière sont largement ondulés. = Calotte, rabat, trois boutons à la soutane; petit collet. = Encadrement à filets unis. Signé en creux, sur la saillie du buste : J B NINI F 1762

Au commencement, entre chaque mot et à la fin de la légende, excepté à la signature dont les mots sont séparés par des points, une sauterelle (ou cigale) surmontée de trois coquilles, pièces des armoiries de la famille des Moulins de l'Isle.

Collection du prince A. de Broglie.

La famille des Moulins de l'Isle, originaire de Normandie, portait d'azur à trois coquilles d'or et une cigale d'argent en cœur.

François des Moulins de l'Isle, aïeul d'Aimé-Louis, épousa en 1654 Marie de la Marck, dame de Talcy, veuve de François Godet des Marais, tué en 1652 au combat du faubourg Saint-Antoine.

III

TÊTE D'ECCLÉSIASTIQUE A DROITE, GRAND MODULE.

Ce médaillon diffère du médaillon précédent par la date et par l'absence de légende. En outre, l'encadrement est ici à filets ondulés. Signé en creux, sur la saillie du buste : J. B. NINI. F. 1764

Collection du prince A. de Broglie.

IV

TÊTE D'ECCLÉSIASTIQUE A DROITE, MODULE EXCEPTIONNELLEMENT PETIT.

AIMÉ-LOUIS DES MOULINS DE LISLE 1770

Mêmes détails de coiffure et de costume que dans les médaillons précédents ; pas de pièces d'armoiries entre les mots de la légende. Encadrement à filets unis ; pas de signature.

Collection de M. X...

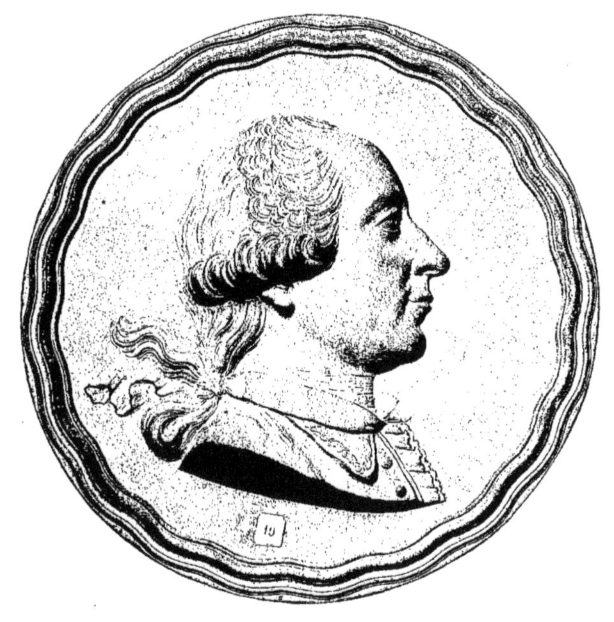

V

TÊTE D'HOMME A DROITE, GRAND MODULE.

Cheveux relevés et frisés devant et sur le côté, formant un gros rouleau au-dessus de l'oreille qui est à demi découverte; ceux de derrière légèrement ondulés tombent sur le dos, sont reployés et attachés un peu au-dessous du cou, par un ruban dont l'extrémité flotte avec les cheveux. = Habit à col rabattu, bordé d'une grosse torsade plate, sur lequel passe un large ruban moiré partant d'un jabot de dentelle; cravate unie. = Encadrement à filets ondulés. Signé en creux, sur la saillie du buste : J B NINI F 1763

Collection du prince A. de Broglie.

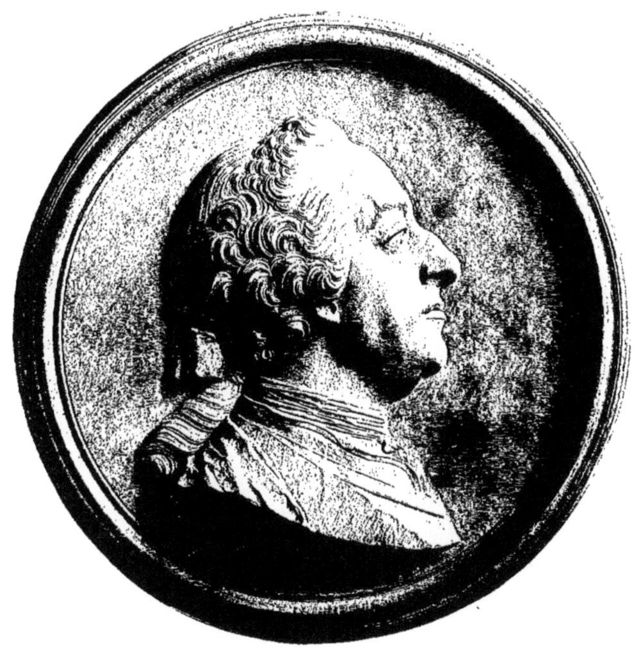

VI

TÊTE D'HOMME A DROITE, GRAND MODULE.

Cheveux relevés et frisés devant et sur le côté, largement bouclés au-dessus de l'oreille qui est à demi découverte; ceux de derrière légèrement ondulés, tombent sur le dos, formant une grosse boucle roulée, et sont attachés, un peu au-dessus du cou, par un large nœud de ruban. = Manteau légèrement apparent; cuirasse sur laquelle passe un large cordon moiré; gilet de cuir piqué sur la bordure; cravate unie, chemise légèrement plissée, jabot de dentelle. = Encadrement à filets unis. Signé en creux, sur la saillie du buste : J B NINI F 1763

Collection du prince A. de Broglie.

Au revers de l'exemplaire du musée de Nevers est écrit au crayon « Choiseul ». Les traits n'offrent aucune ressemblance avec ceux du célèbre ministre de Louis XV.

VII

TÊTE D'HOMME A DROITE, GRAND MODULE.

Ce médaillon ne diffère du médaillon précédent que par l'absence d'encadrement.

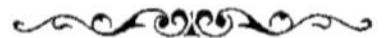

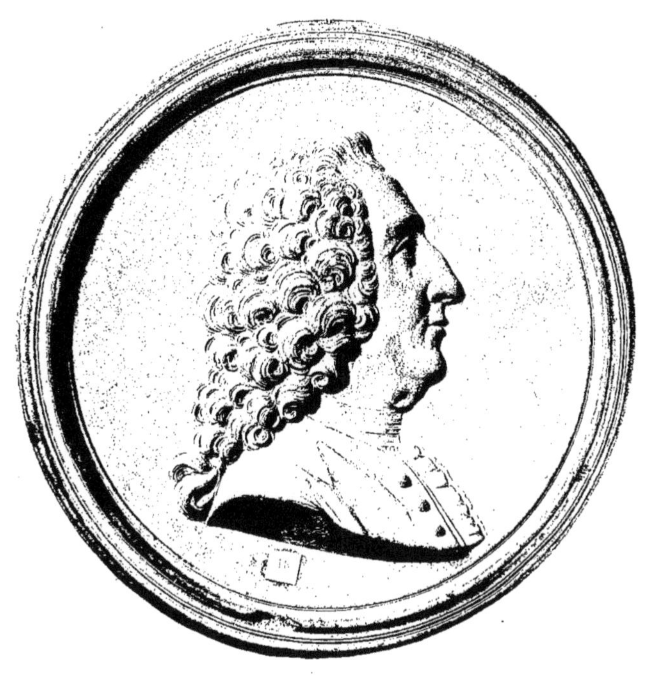

VIII

TÊTE D'HOMME A DROITE, GRAND MODULE.

Cheveux relevés et bouclés devant et sur le côté, se confondant avec une vaste perruque à marteaux qui tombent sur les épaules et le dos, où flotte une petite boucle reployée et attachée par un ruban. = Habit, gilet et cravate unis; pas de col à l'habit; trois boutons; jabot de dentelle. = Encadrement à filets unis. Signé en creux, sur la saillie du buste : J B NINI F 1763

Collection du prince A. de Broglie.

Ce médaillon est connu dans l'œuvre de Nini sous la dénomination de « Financier, perruque à marteaux ».

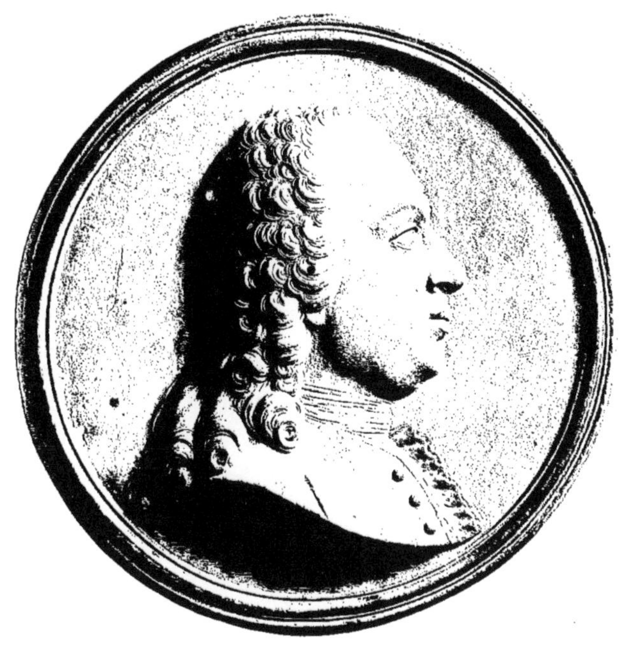

IX

TÊTE D'HOMME A DROITE, GRAND MODULE.

Cheveux relevés et frisés devant et sur le côté, découvrant l'extrémité de l'oreille et retombant en longues boucles sur l'épaule droite; ceux de derrière, légèrement ondulés, tombent sur le dos et forment aussi de grosses boucles. = Habit en étoffe à fins ramages, sans col; trois boutons; gilet brodé; cravate unie; jabot de dentelle. = Encadrement à filets unis. Signé en creux, sur la saillie du buste : J B NINI F 1764

Les mots de la signature sont séparés par des sortes de fleurons.

Au revers de l'exemplaire de M. le baron de Longuerue est écrit : « Dornavius (ou rius) medicus » et plus bas : « Dornier ayeul du docteur Poirier. »

X

TÊTE D'HOMME A DROITE, GRAND MODULE.

Variante du médaillon précédent; mêmes détails de coiffure et de costume; quelque légère différence dans l'ensemble de la physionomie. = Encadrement à filets unis. Signé en creux, sur la saillie du buste : **J B NINI F 1764**

Collection du prince A. de Broglie.

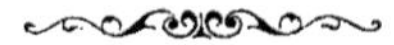

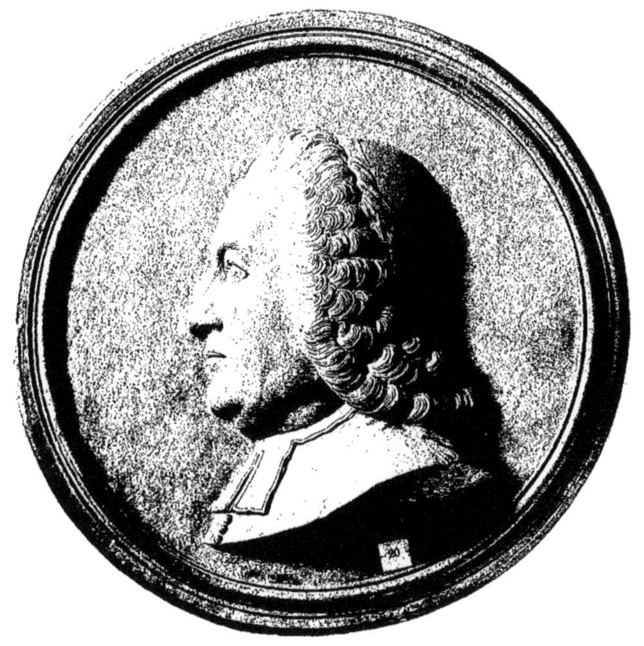

XI

TÊTE D'ECCLÉSIASTIQUE A GAUCHE, GRAND MODULE.

Cheveux relevés et frisés devant et sur le côté, puis roulés en boucles couvrant entièrement l'oreille et tombant sur le cou; ceux de derrière sont légèrement ondulés et forment d'autres boucles, qui débordent un peu sur le côté de la calotte. = Soutane avec trois boutons, rabat, petit collet. = Encadrement à filets unis. Signé en creux, sur la saillie du buste : J B NINI F 1764

Collection du prince A. de Broglie.

XII

TÊTE D'ECCLÉSIASTIQUE A GAUCHE, GRAND MODULE.

Variante du médaillon précédent; mêmes détails de coiffure et de costume; même physionomie. = L'ensemble du personnage est un peu plus important. Pas d'encadrement. Signé en creux, sur la saillie du buste : J B NINI F 1764

Au revers de l'exemplaire du musée de Blois est écrit : « l'Abbé Joulin, curé de Chaumont-sur-Loire », ce qui paraît invraisemblable, Nini n'ayant été fixé à Chaumont qu'en 1772.

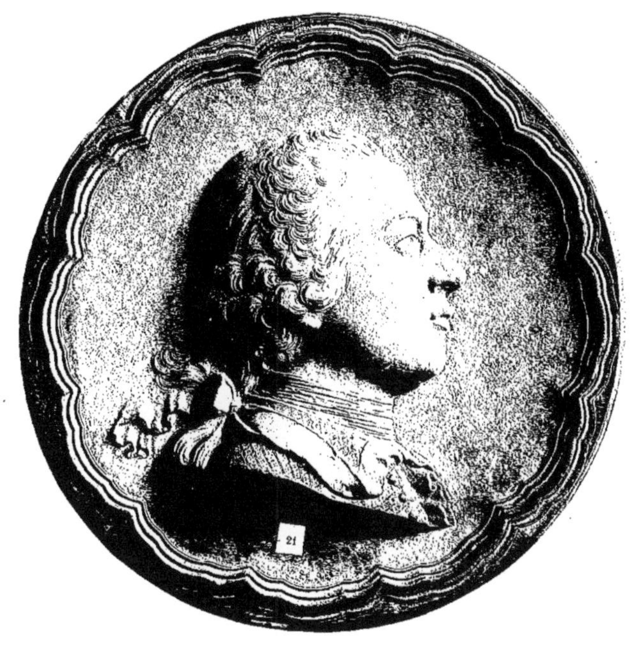

XIII

TÊTE D'HOMME A DROITE. GRAND MODULE.

Cheveux relevés et frisés devant et sur le côté, découvrant l'extrémité de l'oreille ; ceux de derrière légèrement ondulés tombent sur le dos et sont reployés; ils sont attachés un peu au-dessous du cou, par un ruban de queue qui part d'un jabot de dentelle et dont l'extrémité flotte avec les cheveux, après avoir fait un large nœud. = Habit en étoffe à petites raies croisées; trois boutons; cravate unie. = Encadrement à filets ondulés. Signé en creux, sur la saillie du buste : J B NINI F 1764

Au revers de l'exemplaire du prince A. de Broglie est écrit à l'encre : « Ma...is de Riancey » ce qui a fait donner à ce médaillon, dans l'œuvre de Nini, la dénomination de « Marquis de Riancey ».

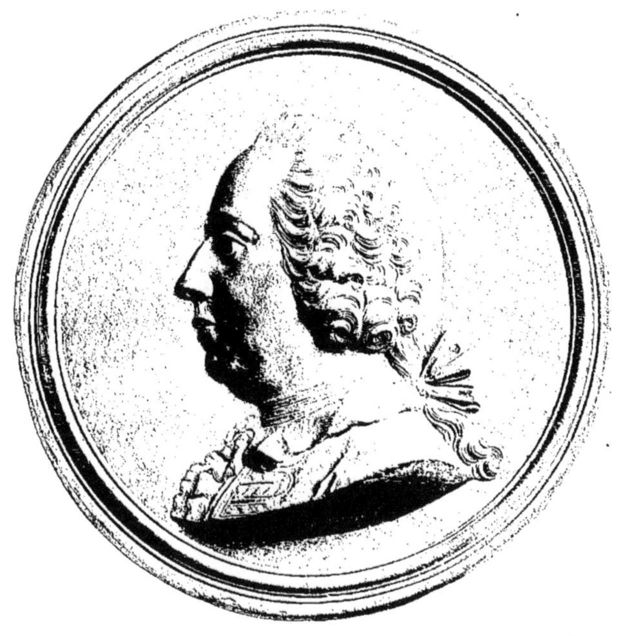

XIV

TÊTE D'HOMME A GAUCHE, GRAND MODULE.

Cheveux relevés et frisés devant et sur le côté ; ceux du sommet de la tête sont bouclés et forment de gros rouleaux qui couvrent entièrement l'oreille ; enfin ceux de derrière légèrement ondulés tombent sur le dos en une grosse boucle, attachée à la hauteur du cou par un large ruban de queue qui part d'un jabot de dentelle. = Habit et cravate unis ; les boutonnières de l'habit sont bordées d'un large galon. = Encadrement à filets unis. Signé en creux, sur la saillie du buste : J B NINI F 1764

Collection du prince A. de Broglie.

XV

TÊTE D'HOMME A GAUCHE, GRAND MODULE.

Ce médaillon ne diffère du médaillon précédent que par l'absence d'encadrement.

Musée de Blois.

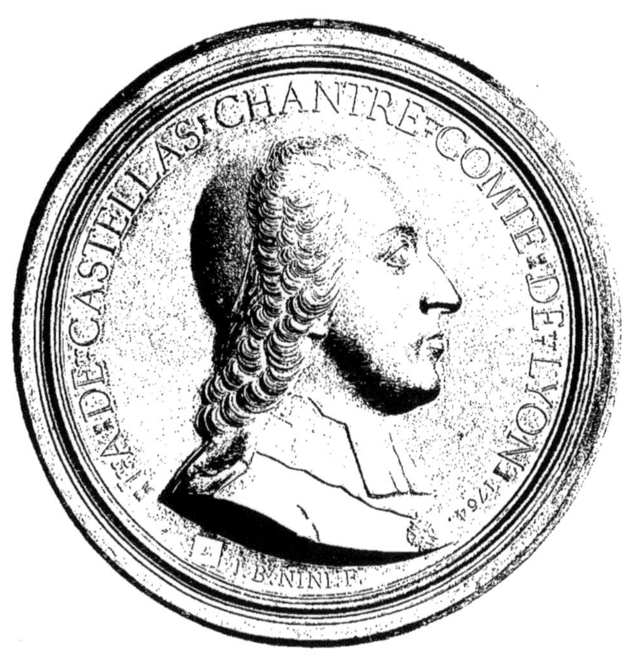

XVI

TÊTE D'ECCLÉSIASTIQUE A DROITE, GRAND MODULE.

.J.·.A.DE.·.CASTELLAS.CHANTRE.·.COMTE.DE.·.LYON.1764.

J. B. NINI. F.

Cheveux relevés et frisés devant et sur le côté, puis tombant en boucles roulées sur le cou; l'extrémité de l'oreille est découverte. Calotte légèrement cachée par les cheveux à sa partie supérieure. = Rabat; soutane; croix attachée à un large ruban moiré; petit collet. = Encadrement à filets unis.

Au commencement, entre chaque mot et à la fin de la légende, excepté à la date et à la signature, alternent une tour et trois maillets, pièces des armoiries de la famille de Castellas.

Au revers de l'exemplaire du prince A. de Broglie est écrit au crayon : « Abbé de Bonne-Combe (diocèse de Rodez), nommé en 1779 ». Il était fils de Louis de Castellas, écuyer, coseigneur de Missargues et seigneur de la Roche-Pagros, et de Marie-Françoise de Dienne.

La famille de Castellas portait : écartelé au 1 et 4 de gueules à la tour d'argent; au 2 et 3 d'azur aux trois maillets d'argent.

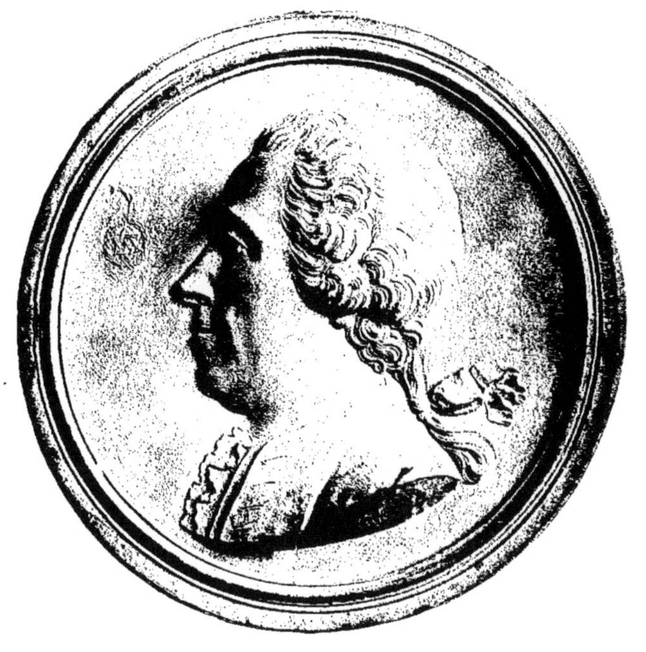

XVII

TÊTE D'HOMME A GAUCHE, GRAND MODULE.

Cheveux relevés et frisés devant, largement bouclés sur le côté et derrière l'oreille, dont l'extrémité est découverte; ceux de derrière légèrement ondulés tombent sur le dos et sont reployés; ils sont attachés un peu au-dessous du cou par un nœud de ruban dont l'extrémité flotte. = Habit, gilet, cravate unis; jabot de dentelle; quatre boutonnières à l'habit, qui n'a pas de col et laisse voir le gilet. = Encadrement à filets unis. Signé en creux, sur la saillie du buste : J B NINI F 1765

Dans le champ du médaillon à gauche, à la hauteur de l'œil, est une petite main sortant d'une manchette qui touche presque à l'encadrement, et qui tient suspendue à un ruban une distinction franc-maçonnique du rite écossais.

Appartient à M. Guérithault, à Poitiers.

XVIII

TÊTE D'HOMME A GAUCHE, GRAND MODULE.

Ce médaillon ne diffère du médaillon précédent que par l'absence de la main tenant l'emblème franc-maçonnique dans le champ.

Collection du prince A. de Broglie.

XIX

TÊTE D'HOMME A GAUCHE, GRAND MODULE.

Ce médaillon ne diffère du médaillon précédent que par l'absence d'encadrement.

Collection de M. Ch. Petit, à Blois.

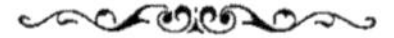

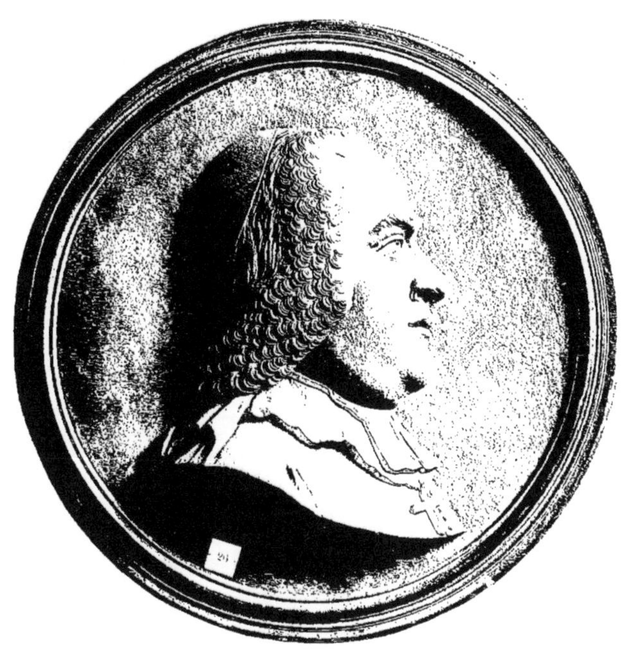

XX

TÊTE D'ECCLÉSIASTIQUE A DROITE, GRAND MODULE.

Cheveux relevés et frisés devant, bouclés sur le côté, très légèrement ondulés derrière et retombant en petites boucles sur le cou; l'oreille entièrement couverte. = Calotte; soutane avec quatre boutons; rabat; petit collet. Croix pastorale suspendue à un large ruban. = Encadrement à filets unis. Signé en creux, sur la saillie du buste : J B NINI F 1765

Au revers de l'exemplaire du prince A. de Broglie est écrit à l'encre : « Évêque de Rez »; puis, en note : « Rez, peut-être Riez, chef-lieu de canton des Basses-Alpes, jadis capitale des Rezi »; et plus bas encore, dans une autre note : « Henri-François de Latour Dupin de Lachau Montauban, sacré le 23 janvier 1752 ».

Lucrétius-Henry-François de la Tour du Pin Montauban, fils de Charles-Louis de la Tour du Pin Montauban, marquis de la Chaux, seigneur d'Allex et Aiguebonne, et de Madeleine de Corteille de Vaurenard, né en 1706, mort en 1772. Abbé du noble chapitre de Saint-Pierre de Vienne, il fut sacré évêque de Riez le 23 janvier 1752, et y mourut en 1772.

La famille de la Tour du Pin Montauban, originaire d'Auvergne, portait de gueules à une tour d'argent, senestrée d'un avant-mur d'argent, le tout maçonné de sable; ou, d'après les Tableaux généalogiques dressés par J.-B. Moulinet, de gueules à la tour d'argent maçonnée de sable, avec mâchicoulis, ouverte d'une porte et de deux fenêtres, crénelée de trois pièces, et senestrée d'un avant-mur de même.

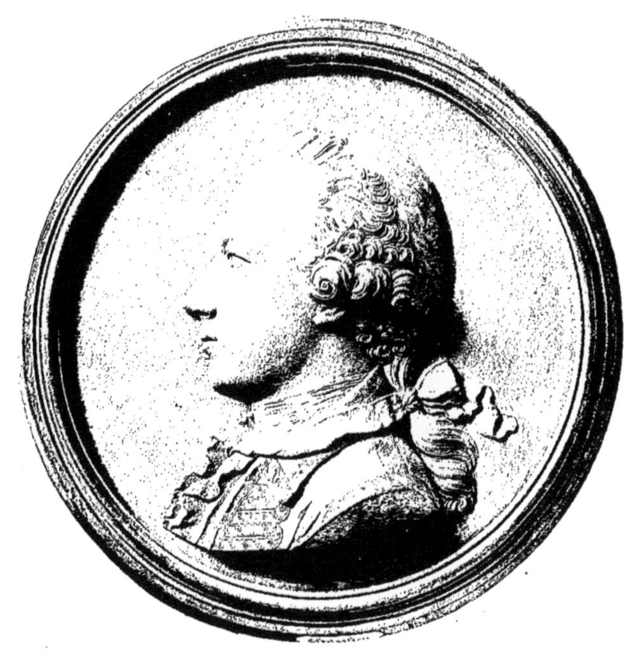

XXI

TÊTE D'HOMME A GAUCHE, GRAND MODULE.

Cheveux relevés et frisés devant, bouclés sur le côté au-dessus de l'oreille qui est à demi découverte; ceux de derrière légèrement ondulés tombent sur le dos, formant une grosse boucle attachée à la hauteur du cou par un ruban de queue, qui part d'un jabot de dentelle et dont l'extrémité flotte après avoir fait un large nœud. = Cravate unie; habit à col rabattu, galonné sur la poitrine; le col et les coutures sont ornés d'un galon finement brodé. = Encadrement à filets unis. Signé en creux, sur la saillie du buste : J B NINI F 1765

Collection du prince A. de Broglie.

Au revers d'un exemplaire est écrit : « Chaulieu, neveu de l'abbé ».

L'abbé de Chaulieu, né en 1639, est connu par ses poésies épicuriennes, qui lui firent donner par ses contemporains le surnom d'« Anacréon du temple »; le temple était alors un monastère où se réunissait l'élite de la société parisienne.

La famille Anfric de Chaulieu, originaire de Normandie, portait d'azur à trois triangles d'or, au chef de gueules, chargé d'une tête et col de licorne d'or, entre deux croisettes du même.

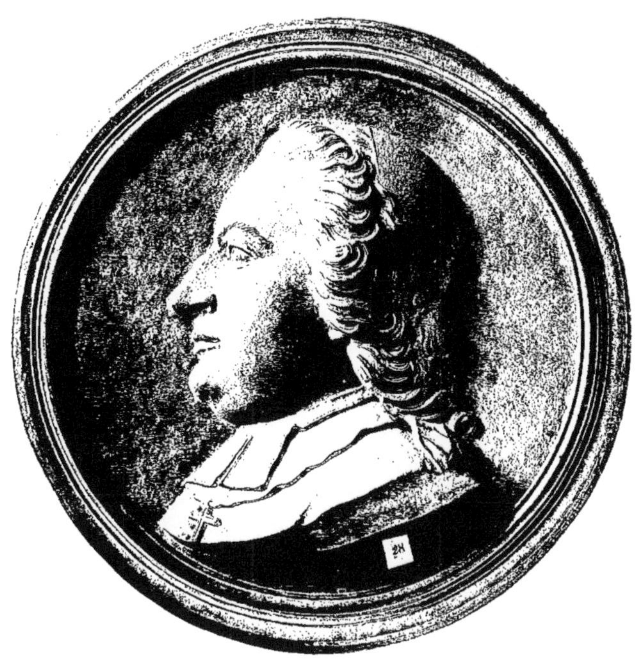

XXII

TÊTE D'ECCLÉSIASTIQUE A GAUCHE, GRAND MODULE.

Cheveux relevés et bouclés devant et sur le côté, formant un gros rouleau qui encadre le visage, découvre l'extrémité de l'oreille et s'arrête sur le cou. Ceux de derrière couvrent un peu la calotte et forment une boucle tombant sur le dos. = Calotte; rabat; soutane avec trois boutons; petit collet. Croix pastorale suspendue à un large ruban. = Encadrement à filets unis. Signé en creux, sur la saillie du buste : J B NINI F 1765

Au revers de l'exemplaire du prince A. de Broglie est écrit au crayon : « Charrier de la Roche (Louis), évêque de Versailles, né à Lyon en 1738, mort en 1827, avait été prévot curé de la paroisse d'Ainay à Lyon, député à l'Assemblée nationale et premier aumônier de Napoléon ».

La famille Charrier de la Roche est originaire du Lyonnais. Louis, évêque de Versailles, portait écartelé : au 1 d'hermine au pont d'argent maçonné de sable[1], au 2 d'azur à la croix alésée d'or, qui est de baron évêque ; au 3 d'or à la fusée de sable accompagnée de trois trèfles de sinople ; au 4 coupé d'or et d'azur, l'or chargé d'un lion de sable et surmonté d'un comble de gueules, l'azur chargé d'une bande d'argent accompagnée de trois têtes de coq arrachées de même. Sur le tout d'azur à la roue d'argent qui est Charrier.

[1] Rietstap dit d'argent au pont de gueules maçonné de sable, accompagné de six mouchetures d'hermine de sable, trois en chef et trois entre les arches. (*Armorial général.*)

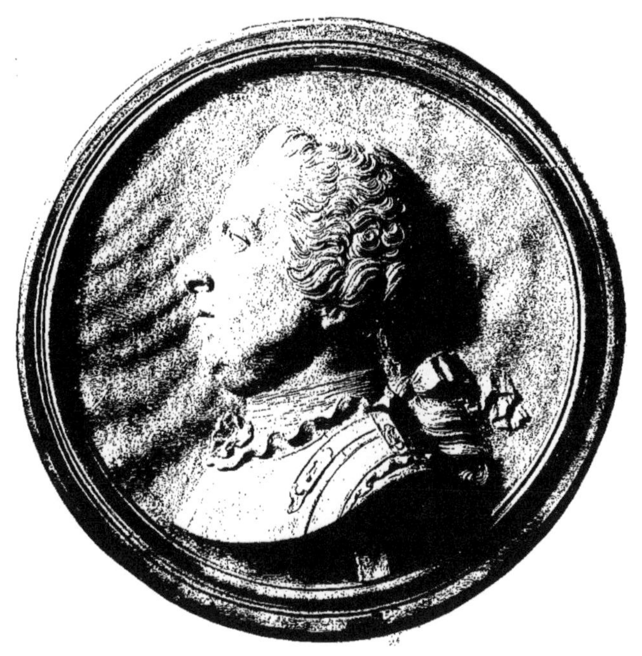

XXIII

TÊTE D'HOMME A GAUCHE, GRAND MODULE.

Cheveux relevés et frisés devant, bouclés et roulés sur le côté au-dessus de l'oreille, dont l'extrémité est découverte ; ceux de derrière légèrement ondulés tombent sur le dos, formant une grosse boucle attachée à la hauteur du cou par un ruban, dont l'extrémité flotte après avoir fait un large nœud. = Cravate unie; jabot de dentelle ; cuirasse avec collerette gaufrée. = Encadrement à filets unis. Signé en creux, sur la saillie du buste : J B NINI F 1765

Collection du prince A. de Broglie.

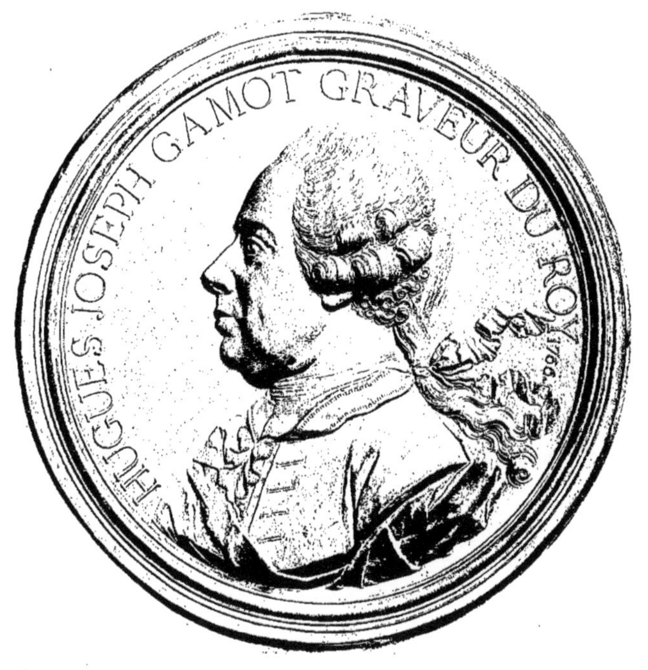

XXIV

TÊTE D'HOMME A GAUCHE, GRAND MODULE.

HUGUES JOSEPH GAMOT GRAVEUR DU ROY 1766.

Cheveux relevés et légèrement frisés devant et sur le côté, formant deux gros rouleaux au-dessus de l'oreille, dont l'extrémité est découverte; ceux de derrière légèrement ondulés tombent sur le dos, formant une boucle attachée à la hauteur du cou par un ruban, dont les extrémités flottent après avoir fait un large nœud. = Jabot de dentelle, d'où part un ruban bordé de liserés qui tourne autour du cou. = Habit, gilet et cravate unis; manteau drapant largement le buste jusqu'au-dessous de la saillie. = Encadrement à filets unis. Signé en creux, sur la saillie de la poitrine : NINI F 1766

Collection du prince A. de Broglie.

H. J. Gamot reçut le 14 juillet 1734 le brevet de graveur de la ville de Paris, et fit plusieurs jetons de la ville aux armes du prévôt des marchands, Michel-Étienne Turgot[1]. Il fut plus tard graveur de la Monnaie de Lille, de 1745 à 1774.

XXV

TÊTE D'HOMME A GAUCHE, GRAND MODÈLE.

Ce médaillon ne diffère du médaillon précédent que par l'absence de légende et d'encadrement.

Collection de M. Blondel, aux Montils.

[1] Jetons de l'échevinage parisien, par d'Affry de la Monnoye.

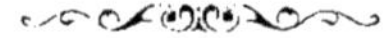

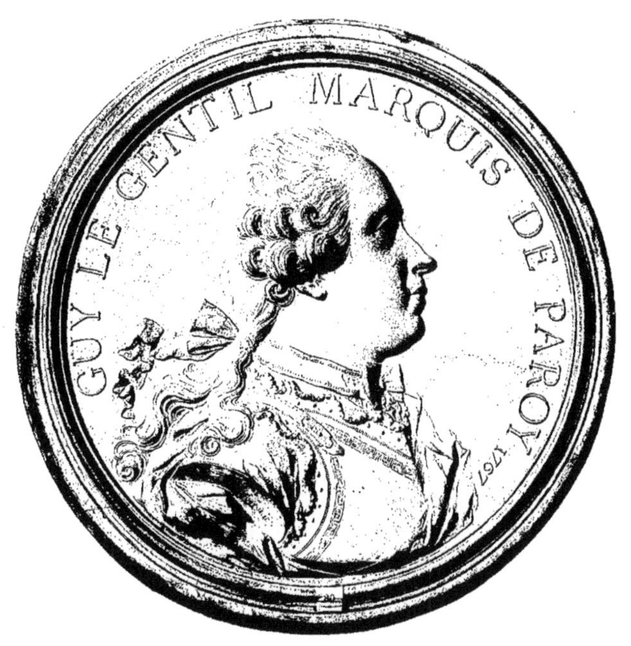

XXVI

TÊTE D'HOMME A DROITE, GRAND MODULE.

GUY LE GENTIL MARQUIS DE PAROY 1767

Cheveux relevés et frisés devant et sur le côté, formant deux gros rouleaux au-dessus de l'oreille, qui est à demi découverte; ceux de derrière légèrement ondulés tombent sur le dos et sur l'épaule droite, en plusieurs boucles attachées à la hauteur du cou par un ruban qui part d'un large nœud placé sous le menton, et dont l'extrémité flotte. = Cuirasse richement damasquinée, sur laquelle passe une collerette gaufrée et dentelée; manteau drapant largement le buste. = Encadrement à filets unis. Signé en creux, sur la saillie du bras : I ou J NINI F.; et au-dessous 1767.

Collection du prince A. de Broglie.

Guy le Gentil, né en 1728, marié le 15 septembre 1749 à Louise-Élisabeth de Rigaud de Vaudreuil[1], acheta, au mois d'octobre 1754, la

[1] Louise-Élisabeth de Rigaud de Vaudreuil était la tante du comte de Vaudreuil. (Voir plus loin, p. 87.)

terre de Paroy, située en Brie, qui fut érigée en marquisat un mois plus tard et dont il prit alors le nom. Sous-lieutenant aux gardes françaises, chevalier de Saint-Louis, grand bailli d'épée de Provins et de Montereau-faut-Yonne, etc. etc., il représenta la noblesse de Provins aux états généraux de 1789.

Incarcéré sous la Terreur à Bordeaux, il dut son salut à la future Mme Tallien ; il mourut en 1807, ayant consacré les dernières années de sa vie à rédiger ses *Souvenirs* (de septembre 1792 à 1803), publiés par M. le marquis de Chennevières en 1883, dans la *Revue de la Révolution*. — (Voir les *Mémoires du comte de Paroy* son fils, publiés en 1895 par Étienne Charavay.)

La famille le Gentil portait d'azur au serpent volant d'or.

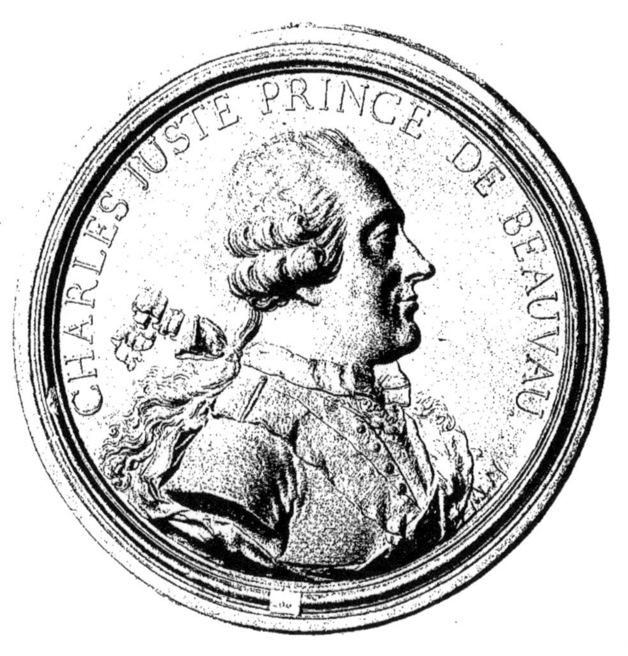

XXVII

TÊTE D'HOMME A DROITE, GRAND MODULE.

CHARLES JUSTE PRINCE DE BEAUVAU

Cheveux relevés et frisés devant et sur le côté, formant deux rouleaux au-dessus de l'oreille, dont l'extrémité est découverte; ceux de derrière légèrement ondulés tombent sur le dos et l'épaule gauche, en plusieurs boucles attachées à la hauteur du cou par un large ruban bordé d'un liseré, partant d'un gros nœud placé sous le menton, et dont l'extrémité flotte. = Cuirasse sur le devant de laquelle passe une collerette gaufrée; jabot de dentelle; habit en étoffe façonnée à bordure brodée. Grand cordon moiré passant sous une patte d'épaule; manteau drapant largement le buste. = Encadrement à filets unis. Signé en creux, sur la saillie du bras : J. B. NINI F 1767

Collection du prince A. de Broglie.

Charles-Juste de Beauvau naquit à Lunéville le 10 novembre 1720; il entra au service comme volontaire et se distingua sous les ordres du maréchal de Belle-Isle, au siège de Prague en 1741. Colonel des gardes lorraines, gouverneur de Bar-le-Duc, il fut fait brigadier d'infanterie en 1746, et maréchal de camp en 1748. Chevalier des ordres du roi en 1757, il commanda en chef les troupes envoyées en Espagne en 1762, et fut bientôt après nommé gouverneur du Languedoc, puis de la Provence. L'un des quarante de l'Académie française en 1771, maréchal de France en 1789, il mourut le 19 mai 1793. Il avait épousé, le 3 avril 1745, Marie-Sophie-Charlotte de la Tour, sœur consanguine du duc de Bouillon.

La famille de Beauvau porte d'argent à quatre lionceaux cantonnés de gueules, couronnés, armés et lampassés d'or

XXVIII

TÊTE D'HOMME A DROITE, GRAND MODULE.

Ce médaillon ne diffère du médaillon précédent que par l'absence de légende et d'encadrement.

Collection de M. Blondel, aux Montils.

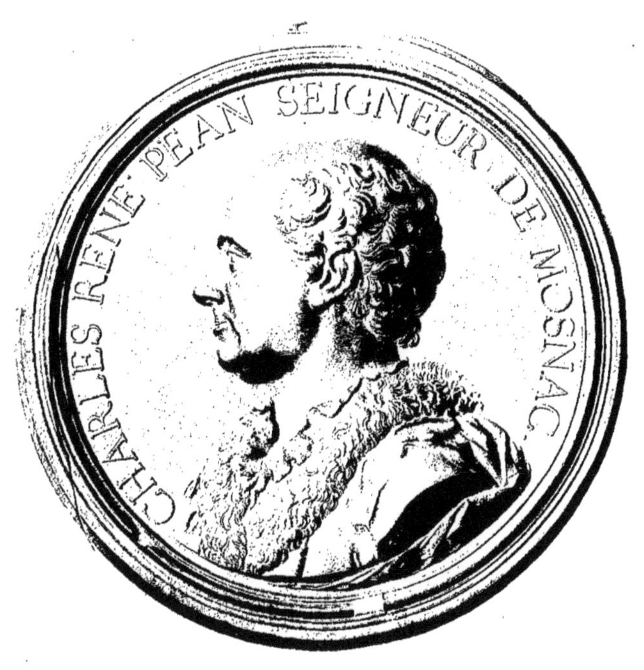

XXIX

TÊTE D'HOMME A GAUCHE, GRAND MODULE.

CHARLES RENÉ PÉAN SEIGNEUR DE MOSNAC.

Le crâne est chauve; sur les côtés et derrière la tête, les cheveux sont courts et bouclent naturellement; l'oreille est entièrement découverte. = Chemise plissée, bordée d'une petite broderie, négligemment entr'ouverte, par-dessus laquelle est un manteau à large col de fourrure, drapant le buste. = Encadrement à filets unis. Armoiries en relief sur la saillie du bras; signé en creux à côté : J NINI F 1768

Collection du prince A. de Broglie.

Charles-René Péan, chevalier, seigneur de Mosnac et autres lieux, fut maître ordinaire de la Chambre des comptes, puis conseiller du roi en ses conseils; il demeurait à Paris « rue des Jeux-Neufs », paroisse Saint-Eustache, où il mourut le 15 novembre 1786, à l'âge de soixante-quinze ans; c'était le cousin de Jean-Michel-Hugues de Péan, seigneur d'Onzain.

La famille de Péan, originaire de l'Orléanais, portait d'azur aux deux épées en pal d'argent, la pointe en bas.

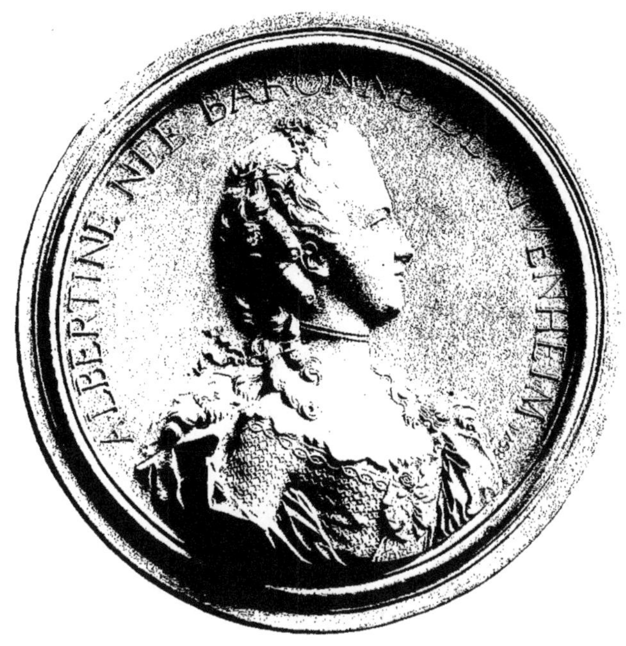

XXX

TÊTE DE FEMME A DROITE, GRAND MODULE.

ALBERTINE NÉE BARONNE DE NIVENHEIM 1768

Cheveux relevés et frisés devant et sur le côté, nœud de ruban, deux grosses boucles derrière l'oreille presque entièrement découverte. Les cheveux du haut de la tête bouclés et entremêlés de rubans tombent en cascade par derrière, sur le dos et sur les épaules; deux rangs de perles au cou. = Nœud de ruban et bouquet de fleurs au corsage; robe de brocart décolletée, bordée d'une dentelle basse; manteau drapant largement le buste; armoiries en relief dans les plis du manteau. = Encadrement à filets unis. Signé en creux, sur la saillie légère du buste : I ou J. NINI. F. 1768; la fin de la date presque illisible.

Collection du prince A. de Broglie.

Albertine de Nivenheim est vraisemblablement la fille aînée de M. de Nivenheim issu d'une des meilleures familles de Gueldre, président de la chambre de Clèves. Mariée fort jeune à M. Pater, fils d'un riche planteur de Surinam, elle vint habiter Paris avec son mari en 1762, et ne tarda pas à y être fort recherchée pour son esprit et pour sa beauté; mais les assiduités dont elle était l'objet ne furent pas du goût de Pater, homme violent, grossier et dissipé, qui l'abandonna et retourna à la Haye, tandis qu'elle était recueillie par ses parents. Une séparation à l'amiable s'ensuivit en 1765, à la suite de laquelle Mme Pater reprit son nom de jeune fille et revint à Paris avec sa mère. Elle se remaria, en 1777, avec le marquis de Champcenetz.

(*Voir passim le* Journal des Inspecteurs de Sartines, — Police de Paris dévoilée, — Souvenirs de la marquise de Créquy, *etc., etc.*)

La famille de Neukirchen de Nivenheim portait parti fascé d'or et de gueules de l'un en l'autre de trois pièces.

XXXI

TÊTE DE FEMME A DROITE, GRAND MODULE.

Ce médaillon ne diffère du médaillon précédent que par l'absence de légende et d'encadrement.

Collection de M. Blondel, aux Montils

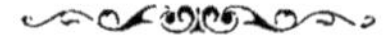

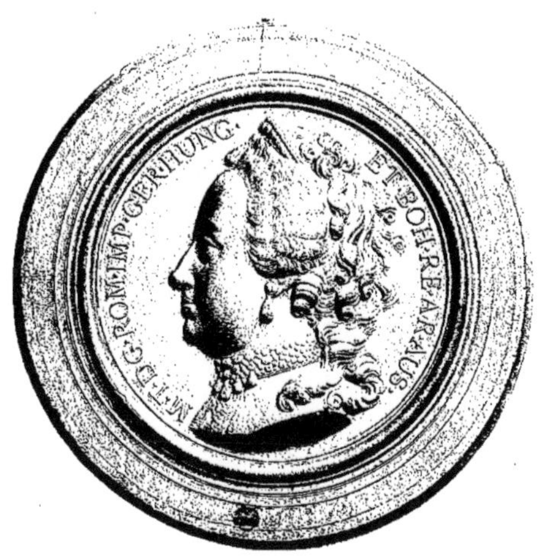

XXXII

TÊTE DE FEMME A GAUCHE, PETIT MODULE.

M· T· DG· ROM· IMP· GER· HUNG· ET BOH· RE· AR· AUS·

Cheveux relevés et bouclés devant; une grosse boucle derrière l'oreille, qui est à demi découverte avec pendant de perle. Peigne à deux rangs de perles en forme de diadème, avec poire sur le front; les cheveux de derrière tombent en grosses boucles sur le dos et l'épaule. = Large collier couvert de pierreries avec pendants de perles; patte également brodée de pierreries tombant sur la poitrine. = Encadrement à filets unis. Signé en creux, sur la saillie du bras : I ou J. B. NINI F.; et au-dessous : MDCCLXIX.

Un point entre chaque mot et à la fin de la légende, excepté après le D et après ET.

Collection du prince A. de Broglie.

Marie-Thérèse d'Autriche, impératrice et reine, née en 1717, fille de l'empereur Charles VI, épousa, en 1736, François duc de Lorraine. Elle mourut en 1780 ; c'est la mère de Joseph II, empereur d'Autriche, et de Marie-Antoinette.

XXXIII

TÊTE DE FEMME A GAUCHE, PETIT MODULE.

MAR· THERESIA· D: G: REG. HUNG· BOH· 1770

Ce médaillon ne diffère du médaillon précédent que par la légende.

Musée de Dijon.

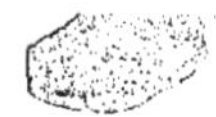

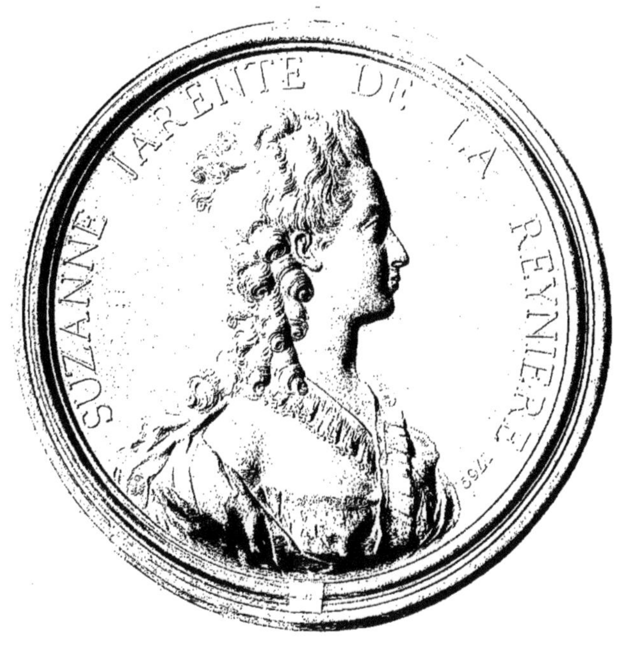

XXXIV

TÊTE DE FEMME A DROITE, GRAND MODULE.

SUZANNE JARENTE DE LA REYNIÈRE 1769

Cheveux relevés devant en diadème, formant de gros rouleaux sur le côté, découvrant l'oreille et retombant sur l'épaule droite; une boucle flotte sur le sommet de la tête. Les cheveux de derrière forment de grosses boucles qui tombent sur le cou. Deux ruchés de linon croisent sur la poitrine. = Robe en étoffe unie; corsage décolleté, bordé d'une dentelle; manteau drapant largement le buste; deux écus accolés en relief dans les plis du manteau. = Encadrement à filets unis. Signé en creux, sur la légère saillie du buste : I ou J. NINI. F 1769

Collection du prince A. de Broglie.

Suzanne de Jarente, née en 1736, appartenait à une famille de bonne noblesse et était la nièce de Mgr de Jarente de la Bruyère, évêque de Digne puis d'Orléans, qui fut un des premiers à prêter serment en 1790. Fort jolie et sans fortune, elle épousa Grimod de la

Reynière, fils du fermier général des postes, avec lequel elle vint habiter Paris. Son salon ne tarda pas à devenir le rendez-vous des musiciens, des peintres et des hommes de lettres les plus renommés, auxquels la noblesse ne dédaignait pas de se mêler. Incarcérée avec sa nièce la comtesse d'Ourches, le 2 ventôse an II, dans la prison de la rue Neuve-des-Capucines, elle en sortit complètement ruinée, en brumaire de la même année. Elle mourut en 1815; c'était la mère du célèbre gastronome.

(Voir les *Souvenirs* de Mme Vigée-Lebrun, la *Correspondance* de Mme du Deffand, de la comtesse de Sabran; Chamfort, etc.)

La famille de Jarente, originaire de Provence, portait d'or au sautoir de gueules; Grimod de la Reynière portait d'azur à la fasce d'or, accompagnée en chef d'un croissant d'argent entre deux étoiles de même et en pointe d'un poisson nageant dans une mer d'argent.

XXXV

TÊTE DE FEMME A DROITE, GRAND MODULE.

Ce médaillon ne diffère du médaillon précédent que par l'absence de légende et d'encadrement.

Collection de M. Blondel, aux Montils.

XXXVI

TÊTE DE FEMME A DROITE, GRAND MODULE.

SUZANNE JARENTE DE LA REYNIÈRE 1769

Ce médaillon ne diffère du médaillon n° XXXIV que par l'absence des deux ruchés croisés sur la poitrine, supprimés ici. = Encadrement à large filet aplati; même signature en creux sur la légère saillie du buste.

Collection de M. Ch. Petit, à Blois.

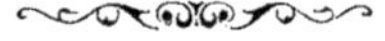

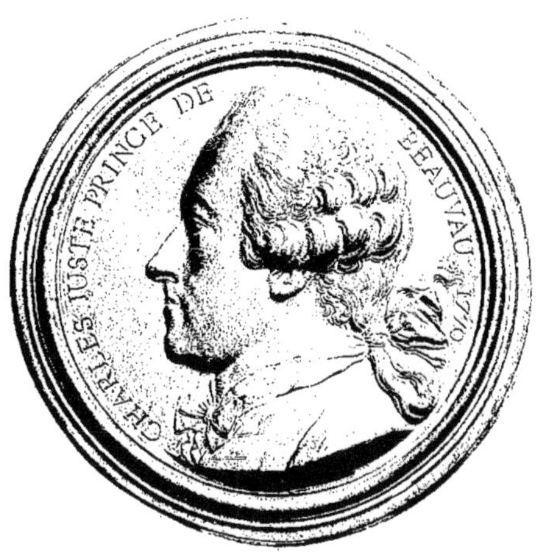

XXXVII

TÊTE D'HOMME A GAUCHE, PETIT MODULE.

CHARLES JUSTE PRINCE DE BEAUVAU 1770

Cheveux très relevés et frisés devant, formant sur le côté deux gros rouleaux au-dessus de l'oreille, qui est à demi découverte; ceux de derrière, tombant droit sur le dos, sont reployés; ils sont attachés à la hauteur du cou, par un ruban qui part d'un large nœud placé sous le menton, et dont l'extrémité flotte. = Habit et cravate unis; deux boutonnières à l'habit; jabot de dentelle. = Encadrement à filets unis. Signé en creux sur la saillie du buste : J B NINI F 1769

Collection du prince A. de Broglie.

(Voir plus haut, p. 70.)

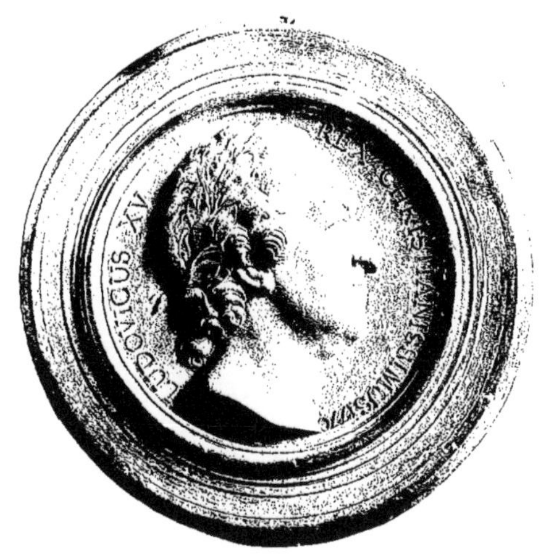

XXXVIII

TÊTE D'HOMME A DROITE, PETIT MODULE.

LUDOVICUS XV REX CHRISTIANISSIMUS 1770
NINI. F.

Cheveux relevés et bouclés, découvrant à demi l'oreille; couronne de laurier. = Buste à l'antique. = Encadrement à filets unis. Pas de signature en creux sur la saillie du buste.

Un point entre les deux mots et à la fin de la signature en relief.

Collection du prince A. de Broglie.

Arrière-petit-fils de Louis XIV, fils du duc de Bourgogne, Louis XV naquit à Fontainebleau en 1710, et fut déclaré roi en 1715, sous la régence de Philippe, duc d'Orléans. Devenu majeur en 1723, il épousa deux ans plus tard Marie, fille de Stanislas Leczinski, roi de Pologne. Veuf en 1768, Louis XV mourut en 1774.

Il existe une réduction de ce médaillon portant la signature de Nini sur la saillie du buste, et au-dessous, l'indication : « St Amans ». Cette réduction, qui est entre les mains du prince A. de Broglie, n'est pas l'œuvre de Nini, comme on l'a cru quelquefois. Elle a été exécutée par Pierre-Honoré Bourdon de Saint-Amans, céramiste distingué, connu par ses compositions mythologiques, né à Agen en 1774, mort à Lamarque en 1858.

Il en est de même d'une réduction du médaillon de Franklin à bonnet de fourrure (Voir plus loin, page 111), que possédait M. Bellaguet, à Paris.

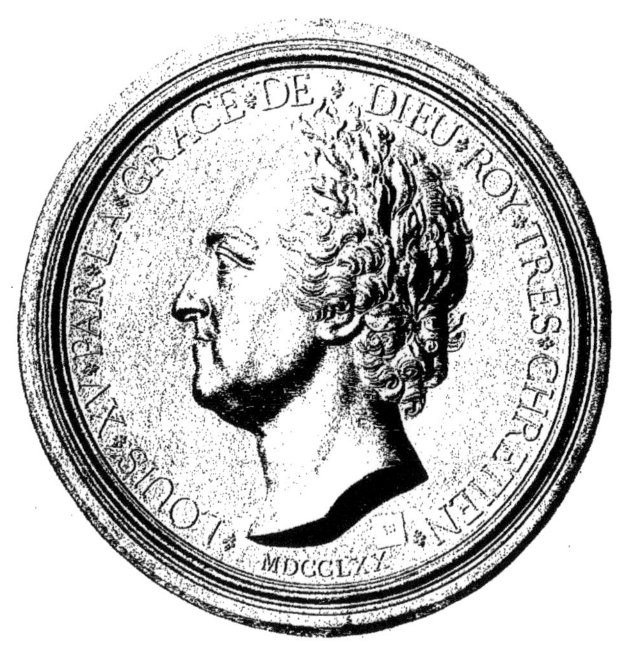

XXXIX

TÊTE D'HOMME A GAUCHE, GRAND MODULE.

*LOUIS*XV*PAR*LA*GRACE*DE*DIEU*ROY*TRÈS*CHRÉTIEN*
M DCC LXX

Les cheveux et la couronne de laurier, celle-ci avec fruits, sont disposés de la même façon que dans le médaillon précédent. = Buste à l'antique. = Encadrement à filets unis. Signé en creux, sur la saillie du buste : J. B. NINI F.; et au-dessous 1770

Une fleur de lis au commencement, entre chaque mot et à la fin de la légende.

Collection du prince A. de Broglie.

XL

TÊTE D'HOMME A GAUCHE, GRAND MODULE.

•LOUIS•XV•POUR•LA•GRACE•DE•DIEU•ROY•TRÈS•CHRÉTIEN•
M DCC LXX

Ce médaillon ne diffère du médaillon précédent que par la légende, où le mot PAR est remplacé par le mot POUR.

Collection de M. X.

XLI

TÊTE D'HOMME A GAUCHE, GRAND MODULE.

Ce médaillon ne diffère des médaillons précédents que par l'absence d'encadrement et de légende.

Collection de Mme Blondel, à Blois.

(Voir plus haut, p. 81.)

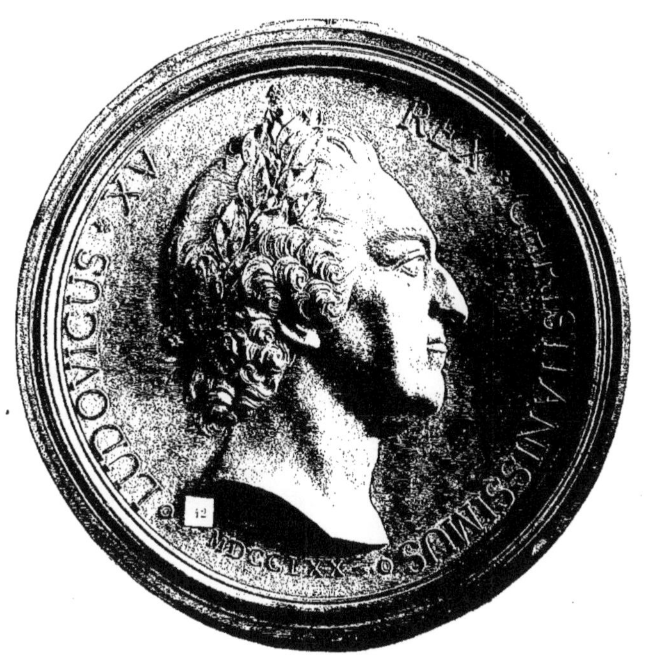

XLII

TÊTE D'HOMME A DROITE, GRAND MODULE.

∘LUDOVICUS⋆XV⋆REX⋆CHRISTIANISSIMUS∘

MDCCLXX

Même ensemble, même encadrement que dans les deux médaillons précédents ; la légende est différente et le profil est retourné. = Signé en creux, sur la saillie du buste : J B NINI F 1770

Une sorte de nummus sépare la date du reste de la légende, dont les mots sont séparés les uns des autres par une fleur de lis.

Collection du prince A. de Broglie.

XLIII

TÊTE D'HOMME A DROITE, GRAND MODULE.

Ce médaillon ne diffère du médaillon précédent que par l'absence d'encadrement et de légende.

Collection de M. Blondel, aux Montils.

(Voir plus haut, p. 81.)

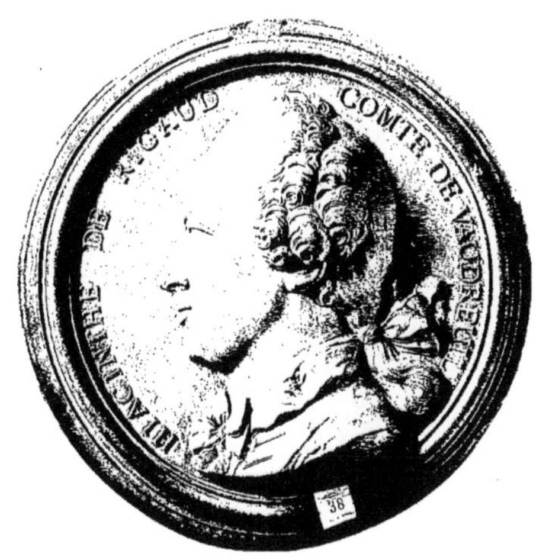

XLIV

TÊTE D'HOMME A GAUCHE, PETIT MODULE.

HIACINTHE DE RIGAUD COMTE DE VAUDREUIL

Cheveux relevés et frisés devant et sur le côté, formant trois rangs de boucles qui retombent sur l'oreille, dont l'extrémité est découverte; ceux de derrière légèrement ondulés tombent sur le dos, et forment une boucle reployée, attachée à la hauteur du cou par un ruban qui part d'un large nœud placé sous le menton. L'extrémité du ruban flotte avec les cheveux. = Habit et cravate unis; jabot de dentelle. = Encadrement à filets unis. Signé en creux, sur la saillie du buste : J. B. NINI F. 1770

Collection du prince A. de Broglie.

Joseph-Hyacinthe-François-de-Paule de Rigaud comte de Vaudreuil, grand fauconnier de France et maréchal de camp en 1780, né à Saint-Domingue en 1740, mort à Paris le 17 janvier 1817. Il était fils de Marie-Claire-Françoise Guyot de la Mirande, et de Joseph Hyacinthe de Rigaud marquis de Vaudreuil, beau-frère de Guy le Gentil, marquis de Paroy.

La famille Rigaud de Vaudreuil portait d'argent au lion de gueules, couronné de même.

XLV

TÊTE D'HOMME A GAUCHE, PETIT MODULE.

Ce médaillon ne diffère du médaillon précédent que par l'absence d'encadrement et de légende.

Collection de M. Ch. Petit, à Blois.

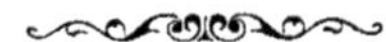

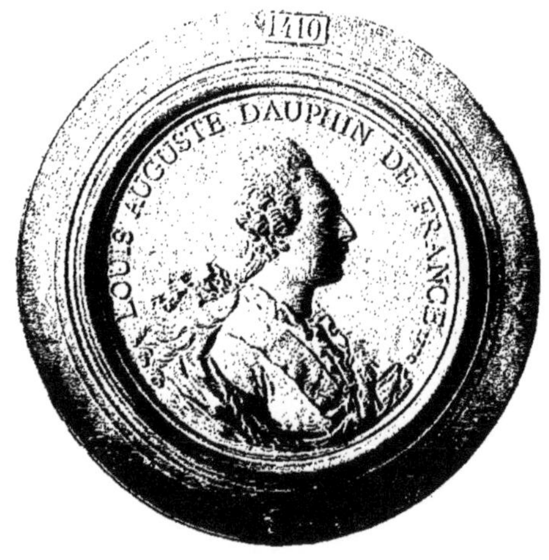

XLVI

TÊTE DE JEUNE HOMME A DROITE, PETIT MODULE.

LOUIS AUGUSTE DAUPHIN DE FRANCE 1770

Cheveux relevés et légèrement frisés devant et sur le côté, formant deux rouleaux au-dessus de l'oreille, dont l'extrémité est découverte ; ceux de derrière légèrement ondulés tombent sur le dos en plusieurs boucles, et sont attachés à la hauteur du cou par un ruban qui part d'un jabot de dentelle, et dont l'extrémité flotte. = Habit en étoffe façonnée ; cravate unie ; ordre de la Toison d'or ; grand cordon moiré. Manteau royal fleurdelisé drapant le buste. = Encadrement à filets unis. Pas de signature.

Musée de Dijon.

Petit-fils de Louis XV, fils de Louis de France et de sa seconde femme Josèphe de Saxe, Louis-Auguste naquit à Versailles en 1754, et fut d'abord connu sous le nom de duc de Berry ; il ne prit le titre de dauphin qu'à la mort de son père, en 1765.

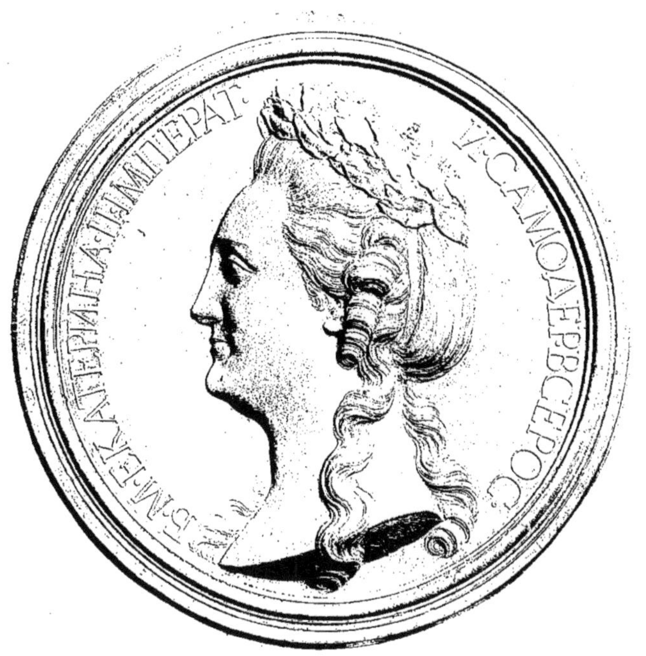

XLVII

TÊTE DE FEMME A GAUCHE, GRAND MODULE.

Б· М· ЕКАТЕРИНА· II· IМПЕРАТ· И· САМОДЕР· ВСЕРОС·[1]

Cheveux relevés et ondulés devant et sur le côté ; grosse boucle roulée derrière l'oreille, dont l'extrémité est découverte ; deux autres boucles flottent, l'une sur l'épaule, l'autre sur le cou, et retombent jusque sous la saillie du buste ; ruban dans les cheveux de derrière, qui sont relevés sur le sommet de la tête, où ils forment quelques boucles entourées d'une couronne de laurier. = Buste à l'antique. = Encadrement à filets unis. Signé en creux, sur la saillie du buste : J. B. NINI. F., et au-dessous 1771

Un point entre chaque mot et à la fin de la légende.

Collection du prince A. de Broglie.

Catherine de Russie, fille du prince d'Anhalt-Zerbst, née à Stettin en 1729, épousa de force, en 1745, le duc de Holstein-Gottorp, suc-

[1] Les caractères russes ont été fournis par l'Imprimerie nationale.

cesseur désigné d'Élisabeth, impératrice de Russie, qui régna sous le nom de Pierre III. Elle parvint à faire déposer ce prince en 1762; et lorsqu'il mourut, quelque temps après, elle se fit sacrer en grande pompe à Moscou. Elle mourut en 1796.

XLVIII

TÊTE DE FEMME A GAUCHE. GRAND MODULE.

Ce médaillon ne diffère du médaillon précédent que par l'absence de légende et d'encadrement.

Collection de M. Blondel, aux Montils.

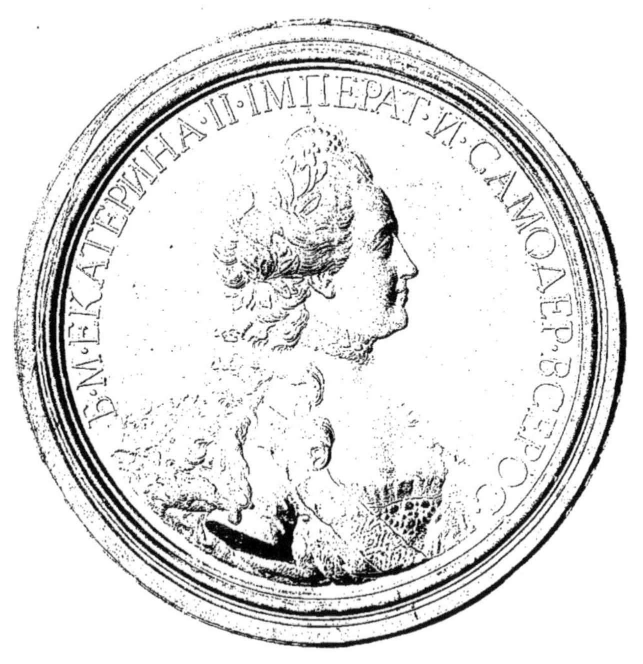

XLIX

TÊTE DE FEMME A DROITE, GRAND MODULE.

Б· М· ЕКАТЕРИНА· II· ИМПЕРАТ· И· САМОДЕР· ВСЕРОС·

Coiffure de grand apparat entremêlée de lauriers, surmontée de la couronne impériale; cheveux relevés devant, boucles sur le côté, le dessus et le derrière de la tête; l'oreille est à demi découverte; trois longues boucles flottent sur le dos et les épaules; la boucle qui flotte sur le dos est attachée à la hauteur du cou par un ruban dont les extrémités flottent. Large collier en plumes très légères, orné de pierreries. = Robe en étoffe unie; corsage décolleté bordé de dentelle ruchée; pierreries sur le devant du corsage; grand cordon moiré; manteau impérial drapant le buste. = Encadrement à filets unis. Signé en creux, sur la saillie du bras : J. B. NINI F; et au-dessous 1771

Un point entre chaque mot et à la fin de la légende.

Collection du prince A. de Broglie.

L

TÊTE DE FEMME A DROITE, GRAND MODULE.

Ce médaillon ne diffère du médaillon précédent que par l'absence de légende et d'encadrement.

Collection de M. Blondel, aux Montils.

(Voir plus haut, p. 91.)

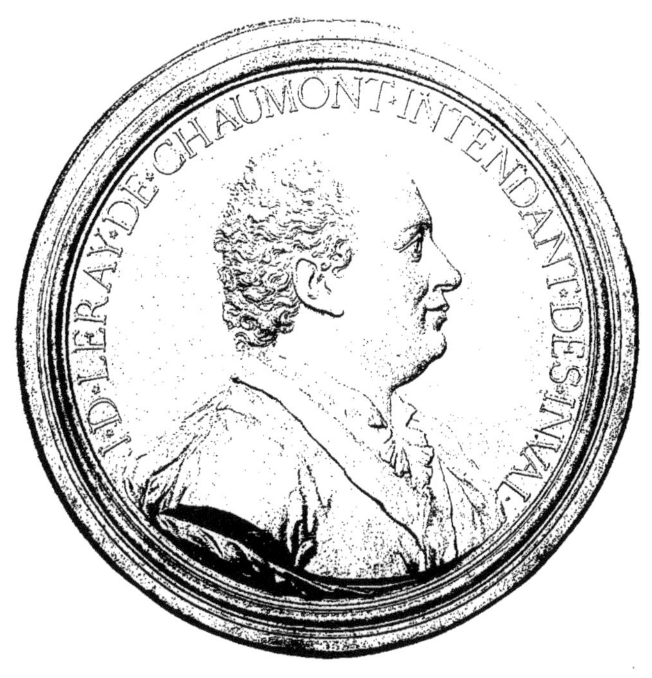

LI

TÊTE D'HOMME A DROITE, GRAND MODULE.

J * D * LERAY * DE * CHAUMONT * INTENDANT * DES * INVAL-

Le crâne est chauve; sur les côtés et derrière la tête, les cheveux sont courts et bouclent naturellement; l'oreille est entièrement découverte. = Le col de la chemise est légèrement entr'ouvert; habit uni; manteau drapant le buste. = Encadrement à filets unis. Signé en creux, sur la saillie du bras : J. B. NINI. F.; armoiries en relief à côté; puis, sur la saillie du buste, également en creux : 1771

Une étoile, pièce des armoiries de la famille Leray, sépare les mots de la légende; trait horizontal à la fin.

Collection du prince A. de Broglie.

Jacques-Donatien Le Ray de Chaumont, né à Nantes le 1er septembre 1726, fils de René-François Le Ray et de Françoise Bouvet, fut grand maître enquêteur et général réformateur des eaux et forêts de France au département de Blois, Berry, haut et bas Vendômois, de 1754 à 1763 ; puis intendant de l'hôtel royal des Invalides en 1770. Il reçut et logea chez lui, à Auteuil, Franklin et les autres commissaires américains, de 1776 à 1785. Il mourut le 3 ventôse an XI (23 février 1803) à Chaumont, dont il avait donné la propriété à son fils. — (Actes mortuaires de la paroisse de Chaumont-sur-Loire ; on voit encore dans le cimetière de ce village la pierre tombale et l'épitaphe de J.-D. Le Ray de Chaumont.)

La famille Le Ray de Chaumont portait d'argent au chevron de gueules, accompagné en chef de deux étoiles de sable et d'une raie de sable nageant dans une mer d'azur, en pointe.

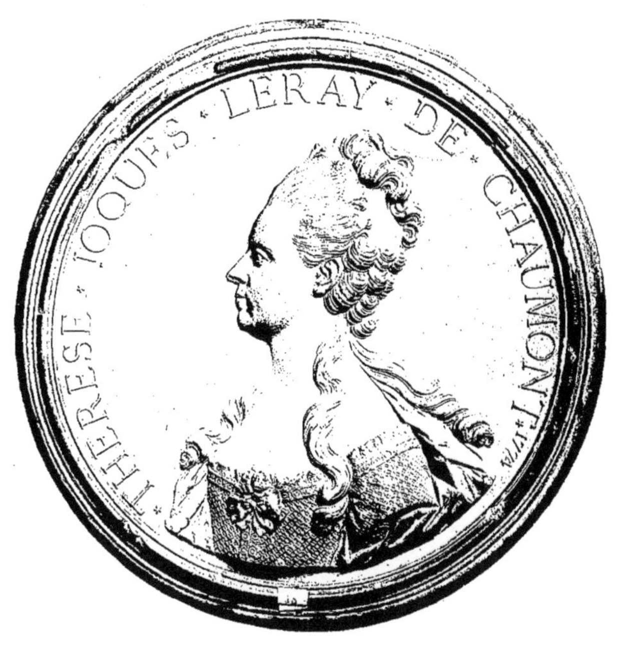

LII

TÊTE DE FEMME A GAUCHE, GRAND MODULE.

* THÉRÈSE * JOQUES * LERAY * DE * CHAUMONT * 1774 *

Cheveux relevés et frisés devant et sur le côté, découvrant entièrement l'oreille, derrière laquelle sont plusieurs rouleaux. Les cheveux de derrière sont relevés et reployés et forment une grosse boucle qui flotte sur le sommet de la tête. Trois autres longues boucles tombent sur le dos et sur les épaules. = Robe en étoffe brodée; corsage bordé d'une dentelle légèrement ruchée; nœud de ruban avec une rose; manteau drapant largement le buste. = Encadrement à filets unis. Sur la saillie du bras sont les armoiries de son mari, en relief. Signé en creux, sur la saillie du buste : J B NINI F 1774

Une étoile au commencement, entre chaque mot et à la fin de la légende.

Collection du prince A. de Broglie.

Marie-Thérèse Joques des Ormeaux épousa en 1750 Jacques-Donatien Le Ray de Chaumont; elle mourut le 13 décembre 1819.

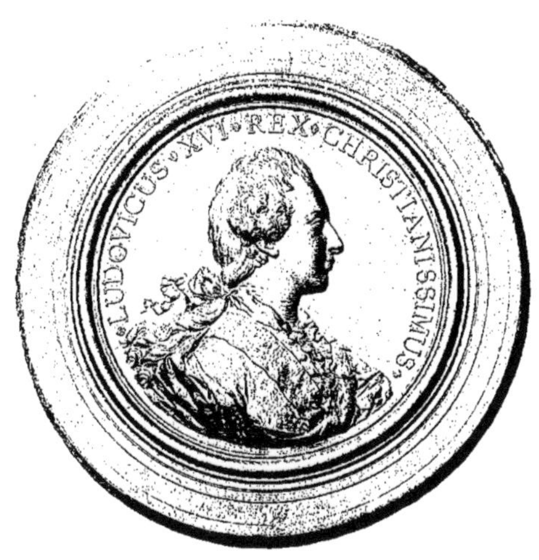

LIII

TÊTE D'HOMME A DROITE, PETIT MODULE.

* LUDOVICUS * XVI * REX * CHRISTIANISSIMUS *

Les détails de la coiffure et du costume sont les mêmes que ceux du médaillon XLVI; l'ensemble de la physionomie, toutefois, est ici plus accentué. = Encadrement à filets unis. Pas de signature, pas de date.

Une petite fleur de lis au commencement, entre chaque mot et à la fin de la légende.

Collection du prince A. de Broglie.

Louis-Auguste, dauphin de France en 1765, monta sur le trône à la mort de son aïeul en 1774, et prit le nom de Louis XVI. Il épousa en 1770 Marie-Antoinette d'Autriche, et mourut le 21 janvier 1793.

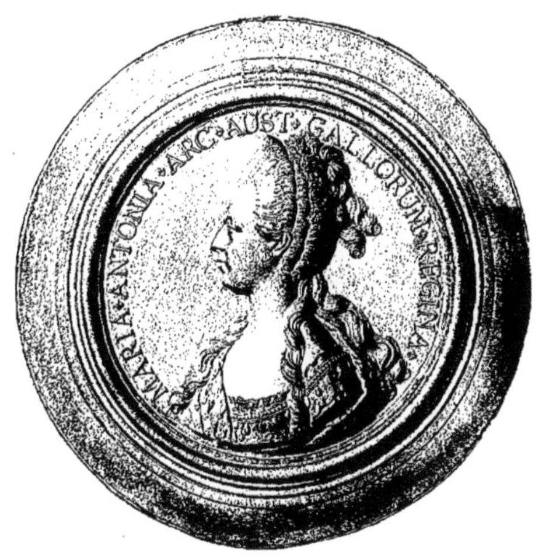

LIV

TÊTE DE FEMME A GAUCHE. PETIT MODULE.

MARIA * ANTONIA * ARC * AUST * GALLORUM * REGINA *

Cheveux relevés et frisés devant et sur le côté, formant trois rouleaux, un au-dessus et les deux autres derrière l'oreille, qui est entièrement découverte. Diadème en pierreries, fleurs entremêlées aux cheveux du sommet de la tête qui forment plusieurs boucles flottantes. Les cheveux de derrière sont relevés et tombent en trois longues boucles sur le dos et les épaules. = Robe en étoffe brodée; corsage décolleté, orné de pierreries, bordé de dentelle; manteau d'hermine fleurdelisé, drapant largement le buste. = Encadrement à filets unis. Signé en creux, sur la saillie du buste: I ou J. B. NINI. F; et sur la saillie du bras : 1774

Une petite fleur de lis entre chaque mot et à la fin de la légende.

Collection du prince A. de Broglie.

Marie-Antoinette d'Autriche, fille de Marie-Thérèse impératrice, et de François duc de Lorraine, naquit en 1755; dauphine puis reine de France, elle mourut le 16 octobre 1793.

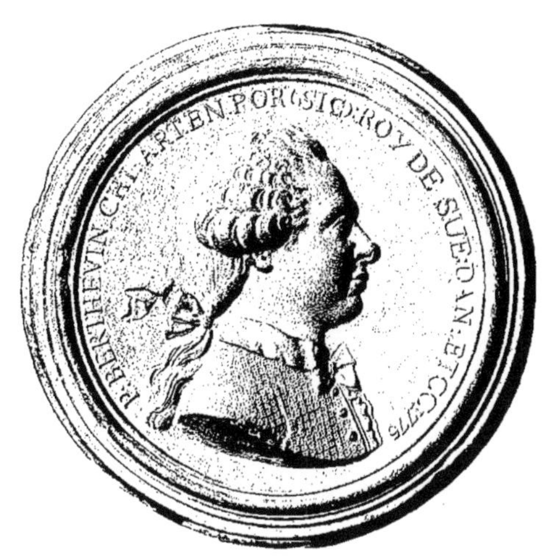

LV

TÊTE D'HOMME A DROITE, PETIT MODULE.

P: BERTHEVIN CHI: ART. EN. POR (SIC): ROY DE SUE: DAN: ETCC 1775

Cheveux relevés et frisés devant, bouclés sur le côté, formant un gros rouleau au-dessus de l'oreille, qui est à demi découverte; ceux de derrière légèrement ondulés tombent sur le dos formant plusieurs boucles, attachées à la hauteur du cou par un ruban qui part d'un gros nœud placé sous le menton et dont l'extrémité flotte. = Habit en étoffe croisée; trois boutons; jabot de dentelle. = Encadrement à filets unis. Signé en creux, sur la saillie du buste: J B NINI F 1775 Un ou deux points entre quelques-uns des mots de la légende.

Collection du prince A. de Broglie.

P. Berthevin, artiste en porcelaine, chimiste du roi de Suède et de Danemark, était originaire d'une famille des environs de Laval; il avait travaillé, en 1766, à la fabrique de Marieberg près de Stockholm, qu'il quitta pour se rendre à Frankenthal, dans le Palatinat, en 1769. De retour en France, il mourut à l'hôpital à Orléans, dans les premiers jours du mois de septembre 1777, « poetrinaire ou attaqué depuis plus de dix mois de la maladie de la porcelaine ». La manufacture de Sèvres lui doit le secret du cobalt de Suède, et l'impression sur la porcelaine telle qu'on la pratiquait en Saxe.

LVI

TÊTE D'HOMME A DROITE, PETIT MODULE.

P: BERTHEVIN CHI: ART: EN POR: DE ROY DE SUE: DAN: ETCC 1775

Ce médaillon ne diffère du médaillon précédent que par la légende. Deux points entre quelques-uns des mots de la légende.

Collection du prince A. de Broglie.

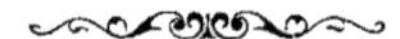

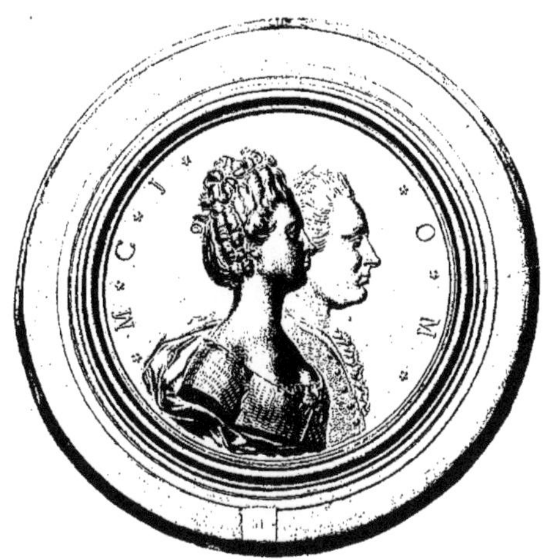

LVII

DEUX TÊTES DE FEMME ET D'HOMME SUPERPOSÉES A DROITE,
PETIT MODULE.

* M * C * J ** O * M *

La femme a les cheveux relevés très haut, formant de gros rouleaux devant et sur le côté, et deux autres plus gros encore, derrière l'oreille presque entièrement découverte; les cheveux de derrière sont relevés et forment de larges boucles flottant sur le dessus de la tête. = Robe en étoffe à petites rayures; corsage décolleté croisant sur une guimpe plissée, bordée de dentelle; fleurs au corsage. Manteau drapant le buste. = L'homme a les cheveux relevés et légèrement bouclés devant; son habit est en étoffe brodée; gilet et cravate unis; jabot de dentelle. = Encadrement à filets unis. Signé en creux, sur la saillie du bras de la femme : NINI F; et sur la saillie du buste, également en creux : 1775

Un fleuron au commencement, entre chaque lettre (deux entre J et O) et à la fin de la légende.

Collection du prince A. de Broglie.

Marie-Catherine Jacquet [1] et Orien Marais, son mari, vivaient à Chaumont intimement avec Nini. Orien Marais, notaire et receveur

[1] Elle mourut au mois d'avril 1783; Orien Marais se remaria, le 24 thermidor an II, à Madeleine-Véronique Vernon. (État-civil de Chaumont-sur-Loire.)

du domaine, était le représentant de Le Ray de Chaumont, dont il possédait toute la confiance. Les archives du château renferment une grande partie de la correspondance qu'il tenait avec les hommes d'affaires de Blois, pendant la durée du procès qui suivit la mort de Nini.

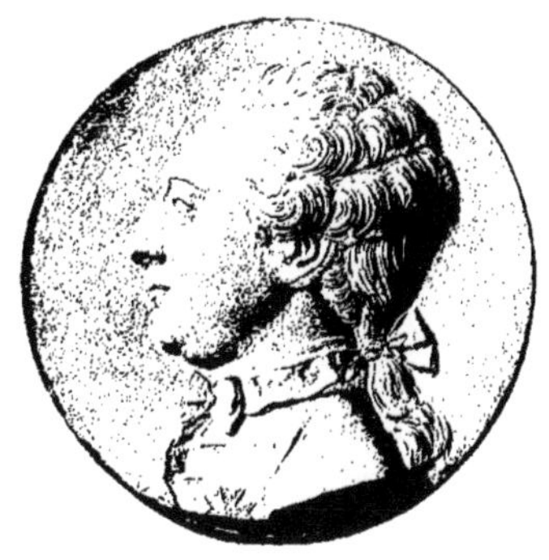

LVIII

TÊTE D'HOMME A GAUCHE, PETIT MODULE.

Cheveux relevés et bouclés devant et sur le côté ; ces derniers forment deux gros rouleaux couvrant à demi l'oreille. Les cheveux de derrière légèrement ondulés tombent droits sur le dos, formant une boucle coupée brusquement à la hauteur du buste, et attachée à la hauteur du cou par un ruban qui part d'un large nœud placé sous le menton. = Habit de ville ; cravate unie ; jabot de dentelle. Grand cordon, plaque du Saint-Esprit. = Pas d'encadrement. Signé en creux, sur la saillie du buste : NINI. F.; et au-dessous, également en creux : 1775

Musée de Blois.

Les traits de ce personnage offrent une certaine resemblance avec ceux d'Antoine-René Voyer d'Argenson, dit le marquis de Paulmy, né en 1722, conseiller au parlement, puis ambassadeur en Suisse, en Pologne et à Venise, enfin ministre de la guerre en 1757. Il mourut en 1787.

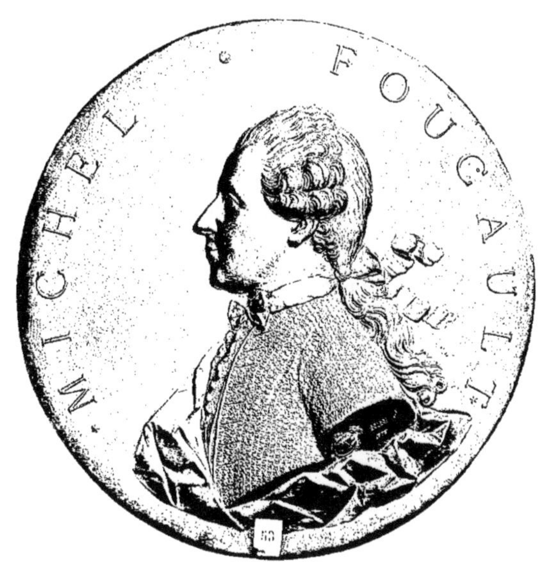

LIX

TÊTE D'HOMME A GAUCHE, GRAND MODULE.

* MICHEL · FOUCAULT *

Cheveux relevés devant, formant deux rangs de boucles; deux rouleaux sur le côté couvrent à demi l'oreille, derrière laquelle sont quelques petites boucles. Les cheveux de derrière légèrement ondulés tombent sur le dos, formant deux grosses boucles attachées à la hauteur du cou par un ruban qui part d'un large nœud placé sous le menton et dont les extrémités flottent. = Habit en étoffe à petites rayures; cravate unie; jabot de dentelle. Manteau drapant largement le buste. = Sur la saillie du bras sont les armoiries en relief. Pas d'encadrement. Signé en creux, sur la saillie du buste : NINI F; et au-dessous, en creux également : 1775

Au commencement et à la fin de la légende sont deux étoiles, et au milieu est une coquille, pièces des armoiries de la famille de Foucault.

Collection du prince A. de Broglie.

Ancien médecin du roi, ami intime de Le Ray de Chaumont, Michel Foucault était propriétaire de la terre du Plessis-Fortia, près de Vendôme, terre qui appartient aujourd'hui au marquis de Gouvello, arrière-petit-fils de Le Ray de Chaumont [1].

La famille de Foucault, qui avait possédé de grandes propriétés à Port-Louis, était originaire de l'Orléanais; elle portait d'argent à la fasce de gueules chargée de deux étoiles du champ, accompagnées en pointe d'une coquille d'or (Rietstap, *Armorial général* [2]).

[1] Pierre de Foucault, sans doute fils de Michel, épousa une des filles de Le Ray de Chaumont, sœur du grand-père du marquis de Gouvello.

[2] Il peut y avoir une erreur dans les armoiries données par Rietstap. Suivant les règles du blason, la coquille qui est en pointe ne peut pas être d'or, le champ étant d'argent.

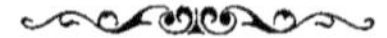

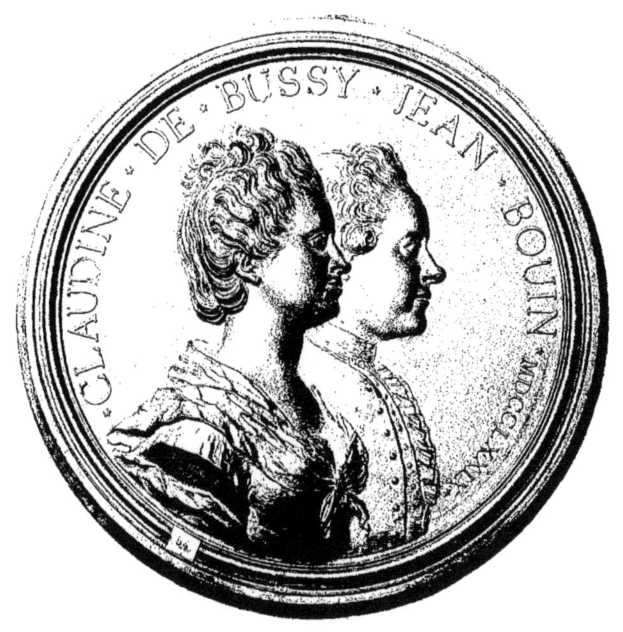

LX

DEUX TÊTES DE FEMME ET D'HOMME SUPERPOSÉES A DROITE,
GRAND MODULE.

* CLAUDINE * DE * BUSSY * JEAN * BOUIN * MDCCLXXIX *

La femme a les cheveux relevés, largement ondulés et bouclés devant et sur le côté, découvrant entièrement l'oreille ; de larges boucles flottent sur le sommet de la tête. Les cheveux de derrière sont relevés, légèrement ondulés, et forment deux boucles, l'une derrière l'oreille, l'autre sur le cou. = Robe en étoffe unie ; manches plissées ; corsage décolleté. Fichu couvrant le buste et les épaules, noué sur la poitrine. = L'homme a les cheveux relevés et frisés devant et sur le côté, couvrant entièrement l'oreille. Habit, gilet, cravate unis ; jabot de dentelle. = Encadrement à filets unis. Signé en creux, sur la saillie du bras : NINI F 1777

Un fleuron au commencement, entre chaque mot et à la fin de la légende.

Collection du prince A. de Broglie.

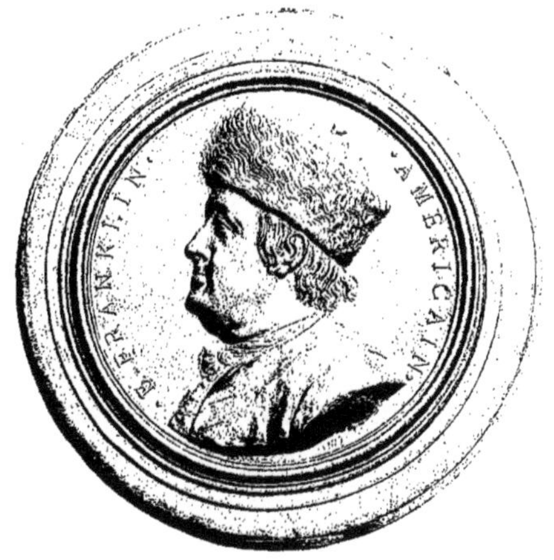

LXI

TÊTE D'HOMME A GAUCHE. PETIT MODULE.

⁎ B. FRANKLIN ⁎⁎ AMÉRICAIN ⁎

1777

Bonnet bordé d'une large fourrure; cheveux courts tombant en mèches autour de la tête; l'oreille est entièrement découverte. = Habit et gilet unis; cravate nouée négligemment. = Encadrement à filets unis. Signé en creux, sur la saillie du bras : NINI; au-dessous, en creux également : F. 1777; armoiries en relief à côté de cette signature.

Fleurons au commencement, entre les mots et à la fin de la légende, excepté entre B et Franklin, où il y a un point; d'autres exemplaires n'ont que des fleurons.

Collection du prince A. de Broglie.

Les armoiries sont timbrées d'une couronne de fantaisie. Elles représentent une étincelle électrique sortant d'un nuage et se précipitant sur une main armée d'une tige de fer, qui semble vouloir la diriger, emblème de l'invention du paratonnerre due à Franklin.

Benjamin Franklin, né en 1706 à Boston, fut d'abord ouvrier imprimeur, puis chef d'une imprimerie importante. Après avoir fondé plusieurs œuvres philanthropiques, il s'occupa de l'administration des affaires publiques, en même temps qu'il s'adonnait à l'étude des sciences. Envoyé à Londres à titre de député, il revint en Amérique en 1775, à la suite du dissentiment qui éclata entre les deux nations, et prit la plus grande part à la déclaration de l'Indépendance des États-Unis. Il vint en France en 1776, et y obtint l'appui qu'il était venu solliciter. La paix fut signée en 1783, et à son retour dans sa patrie, deux ans plus tard, Franklin fut reçu en véritable triomphateur. Il mourut en 1788.

LXII

TÊTE D'HOMME A GAUCHE, PETIT MODULE.

· B· FRANKLIN ·· AMÉRICAIN ·

Ce médaillon ne diffère du médaillon précédent que par la dimension ; l'ensemble est un peu plus important. = Même encadrement, même signature en creux, mêmes armoiries en relief.

Points au commencement, entre les mots et à la fin de la légende.

Musée de Blois.

En général, les exemplaires de ce médaillon ont un point en relief dans le dernier filet de l'encadrement, au-dessus de la tête de Franklin, et une fleur de lis en creux au revers.

(Voir plus haut.)

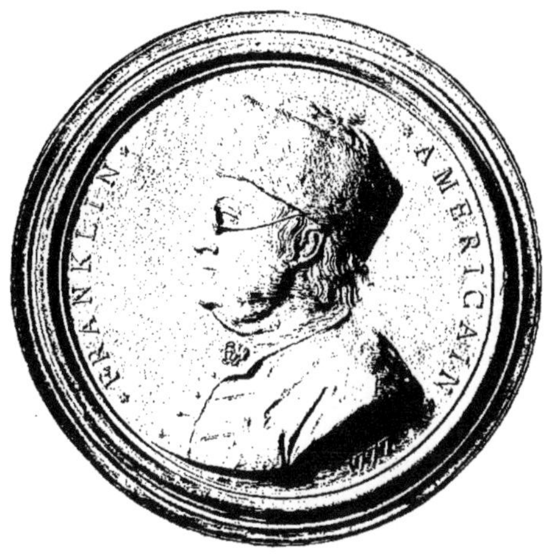

LXIII

TÊTE D'HOMME A GAUCHE, PETIT MODULE.

* FRANKLIN ** AMÉRICAIN *
1777

Mêmes détails de coiffure et même physionomie que sur les deux médaillons précédents, avec cette différence toutefois, que l'artiste a mis ici, sur le nez de son modèle, une paire de lunettes dont les branches passent sur les cheveux et disparaissent sous le bonnet. = Encadrement à filets unis. Signé en creux, sur la saillie du bras : NINI F; puis, en relief, les armoiries, comme aux médaillons précédents; et enfin, en creux : 1777

Fleurons au commencement, entre les mots et à la fin de la légende.

Collection du prince A. de Broglie.

LXIV

TÊTE D'HOMME A GAUCHE, PETIT MODULE.

Ce médaillon ne diffère du médaillon précédent que par l'absence d'encadrement et de légende.

Musée de Blois.

(Voir page 113.)

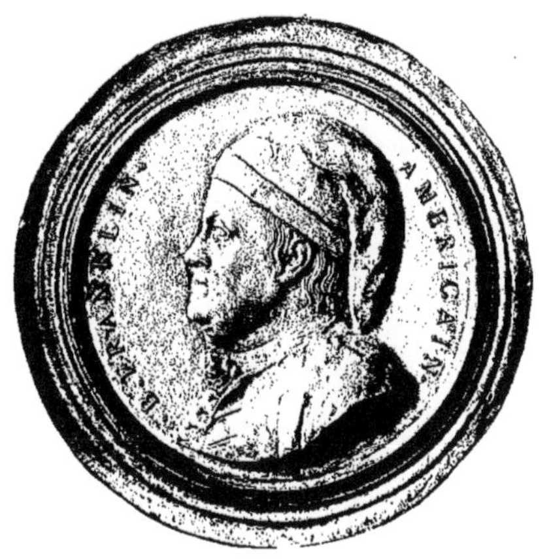

LXV

TÊTE D'HOMME A GAUCHE, PETIT MODULE.

* B * FRANKLIN * AMÉRICAIN *

La physionomie est la même que dans les médaillons précédents; mais les lunettes sont supprimées, et la coiffure est absolument différente. La tête de Franklin est ici recouverte d'un bonnet long et replié (sorte de bonnet de la liberté), dont l'extrémité retombe sur le cou. = Encadrement à filets unis. Signé en creux, sur la saillie du bras : NINI; au-dessous, en creux également : 1777; armoiries en relief (comme aux médaillons précédents), à côté de cette signature.

Collection de M. de Belenet.

(Voir p. 113.)

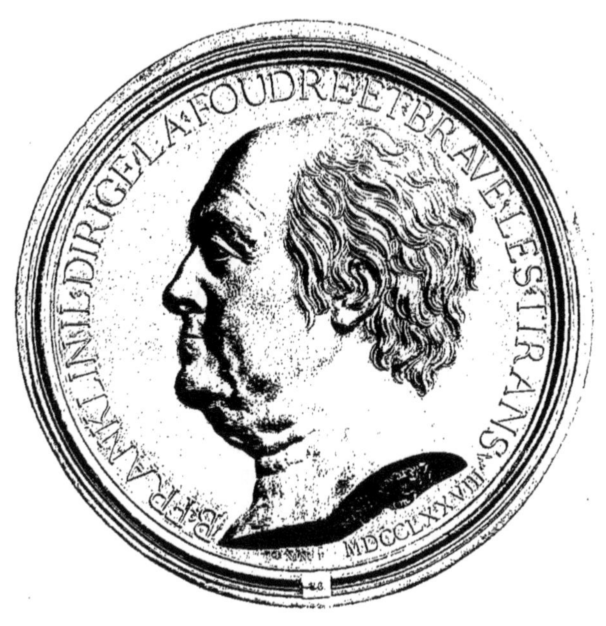

LXVI

TÊTE D'HOMME A GAUCHE. GRAND MODULE.

* B * FRANKLIN *

IL * DIRIGE * LA * FOUDRE * ET * BRAVE * LES * TIRANS*

J B NINI F MDCCLXXVIII

L'ensemble de la physionomie est la même que dans les médaillons précédents ; le dessus de la tête est entièrement chauve ; le front est très largement développé. Sur le côté et tout autour de la tête, les cheveux sont assez longs et tombent sur le cou, découvrant presque entièrement l'oreille. Buste à l'antique. = Encadrement à filets unis. Signé en creux, sur la saillie de l'épaule : J. B.; au-dessous NINI.; au-dessous F.; armoiries en relief, et enfin, en creux : 1778

Au commencement, entre chaque mot et à la fin de la légende, excepté à la date et à la signature, l'emblème de la foudre, ou bien une main armée d'une tige de fer, toujours opposés l'un à l'autre et alternant. La légende n'est que la libre traduction de la devise donnée par Turgot à Franklin.

Collection du prince A. de Broglie.

LXVII

TÊTE D'HOMME A GAUCHE, GRAND MODULE.

* B * FRANKLIN *

IL * DIRIGE * LA * FOUDRE * ET * BRAVE * LES * TIRANS :

J B NINI 1779

Ce médaillon ne diffère du médaillon précédent que par le millésime, écrit dans le champ, qui est en chiffres romains. Quelques mèches de cheveux sur le sommet de la tête. Même encadrement, même signature, mêmes armoiries sur la saillie de l'épaule. Au commencement, entre chaque mot et à la fin de la légende, les mêmes emblèmes alternant.

Collection de M. X.

(Voir p. 113.)

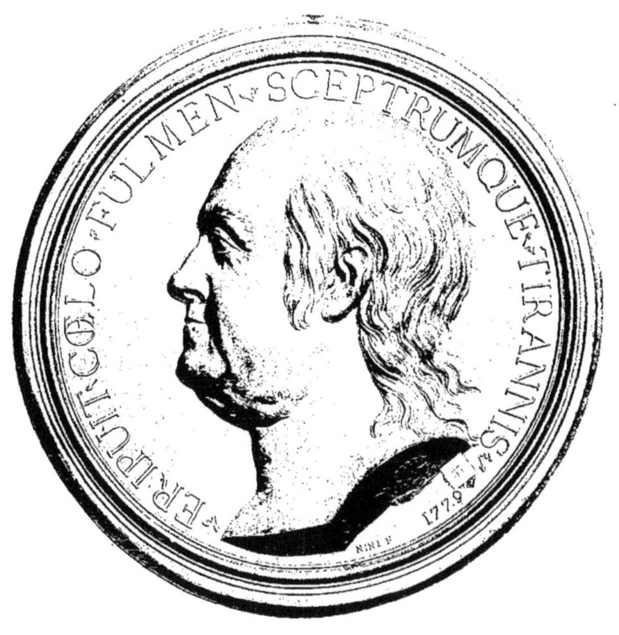

LXVIII

TÊTE D'HOMME A GAUCHE, GRAND MODULE.

⁑ ERIPUIT ⁎ CŒLO ⁎ FULMEN ⁑ SCEPTRUMQUE ⁑ TIRANNIS ⁑

NINI F 1779

La physionomie est la même que celle du médaillon précédent. La légende et la date sont absolument différentes. = Encadrement à filets unis. Signé en creux, sur la saillie du buste : J. B. NINI. F.; au-dessous : 1778 ; armoiries en relief, sur la saillie de l'épaule.

Mêmes emblèmes, mais disposés autrement, au commencement, entre chaque mot et à la fin de la légende, qui est le vers latin appliqué par Turgot à Franklin.

Collection du prince A. de Broglie.

LXIX

TÊTE D'HOMME A GAUCHE, GRAND MODULE.

* ERIPUIT * CŒLO * FULMEN * SCEPTRUMQUE * TIRANNIS *

J. B. NINI. F. MDCC LXXIX.

Ce médaillon ne diffère du médaillon précédent que par le millésime écrit dans le champ, qui est ici en chiffres romains. Même encadrement, même signature, mêmes armoiries, disposées de la même façon.

Au commencement, entre chaque mot et à la fin de la légende, alternent les mêmes emblèmes qu'aux médaillons précédents.

Collection du prince A. de Broglie.

(Voir p. 113.)

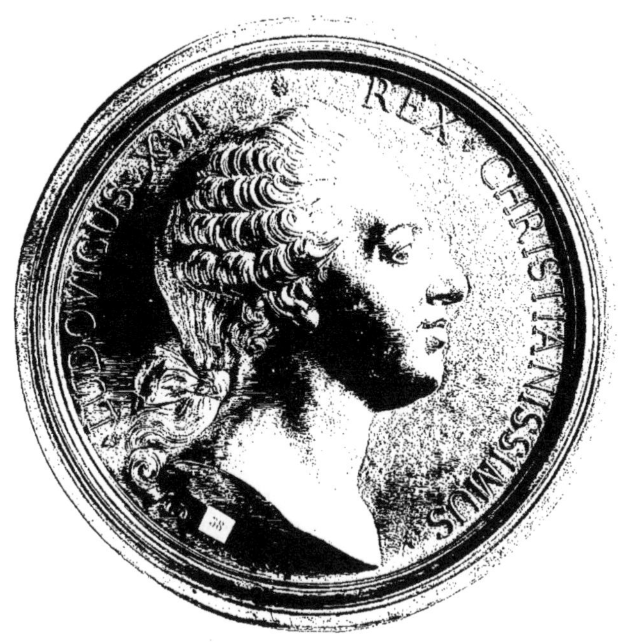

LXX

TÊTE D'HOMME A DROITE, GRAND MODULE.

⋆ LUDOVICUS ⋆ XVI ⋆ REX ⋆ CHRISTIANISSIMUS ⋆

1780 NINI F

Cheveux relevés et bouclés devant, formant quatre rouleaux sur le côté, couvrant à demi l'oreille, derrière laquelle sont deux petites boucles; les cheveux de derrière légèrement ondulés tombent sur le dos, formant une grosse boucle attachée à la hauteur du cou par un large nœud de ruban, et retournant sous la saillie de l'épaule. Buste à l'antique. = Encadrement à filets unis. Signé en creux, sur la saillie du bras : J B NINI F, et sur la saillie du buste, également en creux : 1779

Une fleur de lis au commencement, entre chaque mot et à la fin de la légende.

Collection du prince A. de Broglie.

LXXI

TÊTE D'HOMME A DROITE, GRAND MODULE.

* LUDOVICUS * XVI * REX * CHRISTIANISSIMUS *

Ce médaillon ne diffère du médaillon précédent que par l'absence de la signature en relief placée sous le buste. Même encadrement, même signature en creux.

Collection de M. X.

LXXII

TÊTE D'HOMME A DROITE, GRAND MODULE.

Ce médaillon ne diffère du médaillon précédent que par l'absence de la légende. Même encadrement, même signature qu'aux médaillons précédents [1].

Collection de M. X.

(Voir p. 99.)

[1] Il y a, chez M. Ch. Petit, à Blois, une variante de ce médaillon, sans encadrement.

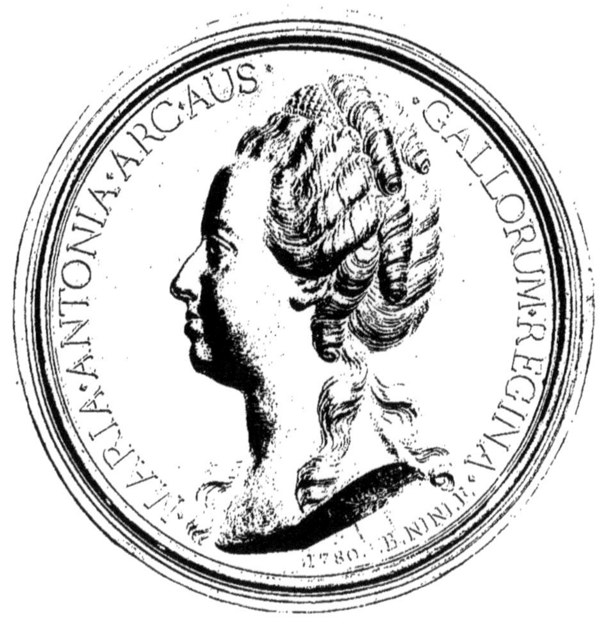

LXXIII

TÊTE DE FEMME A GAUCHE, GRAND MODULE.

* MARIA * ANTONIA * ARC * AUS * GALLORUM * REGINA *

1780* J* B* NINI* F*

Cheveux relevés et ondulés devant, formant, sur le côté, quatre rouleaux qui couvrent à demi l'oreille; diadème; deux boucles sur le sommet de la tête, deux autres derrière l'oreille. Les cheveux de derrière sont relevés et nattés; trois longues boucles flottent sur le dos et sur les épaules. Buste à l'antique. = Encadrement à filets unis. Signé en creux, sur la saillie de l'épaule : J B NINI F; et au-dessous, également en creux : 1779

Fleurs de lis au commencement, entre chaque mot et à la fin de la légende; une plus petite au commencement, entre chaque mot et à la fin de la signature et de la date [1].

Collection du prince A. de Broglie.

[1] Il y a des exemplaires de ce médaillon, au musée de Blois par exemple, offrant cette très légère différence, que les petites fleurs de lis de la date et de la signature en relief sont remplacées par des points.

LXXIV

TÊTE DE FEMME A GAUCHE, GRAND MODULE.

Ce médaillon ne diffère du médaillon précédent que par l'absence de légende. Même encadrement, même signature [1].

Collection de M. X.

(Voir page 101.)

[1] Il y a, chez M. Ch. Petit, à Blois, une variante de ce médaillon, sans encadrement.

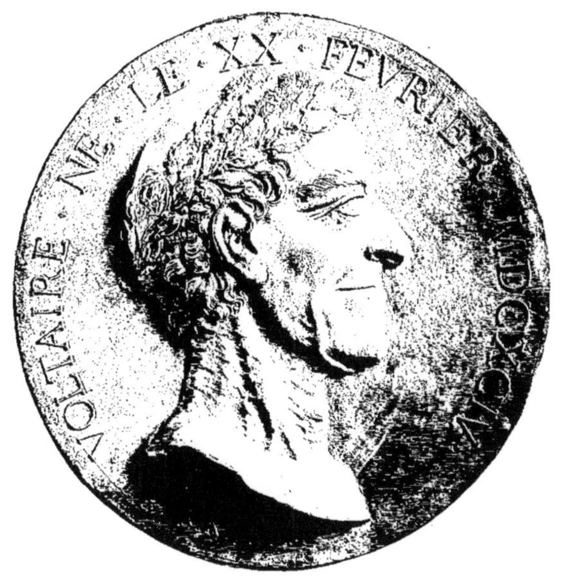

LXXV

TÊTE D'HOMME A DROITE, GRAND MODULE.

* VOLTAIRE * NÉ * LE * XX * FÉVRIER * MDCXCIV *

J. B. NINI. F. 1781

Cheveux courts et bouclés sur le côté et derrière la tête; l'oreille est entièrement découverte; le crâne est chauve; couronne de laurier, de chêne et d'épis entremêlés. Buste à l'antique. = Pas d'encadrement. Signé en creux, sur la saillie de l'épaule : NINI F

Une fleur de lis au commencement, entre chaque mot et à la fin de la légende. Les mots de la signature et de la date sont séparés par des fleurons.

Collection du prince A. de Broglie.

François-Marie Arouet de Voltaire, né en 1694, à Chatenay, près de Paris,... « l'écrivain le plus universel des temps modernes; doué d'une merveilleuse souplesse, il a embrassé presque tous les genres et a manié avec bonheur les styles les plus divers. » Il mourut à Paris le 31 mai 1778.

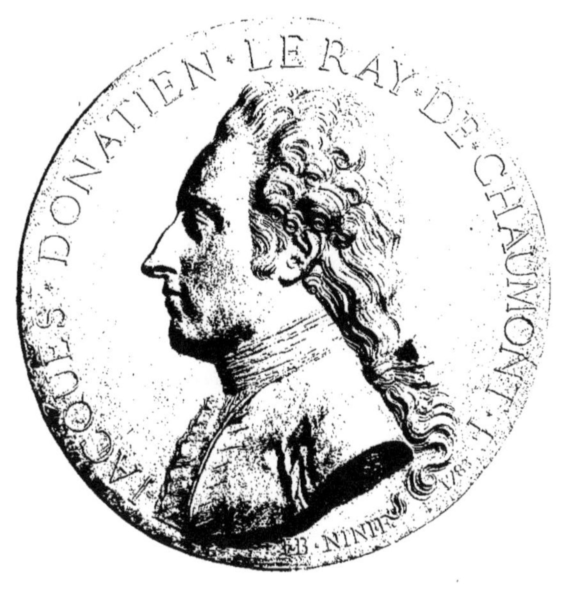

LXXVI

TÊTE D'HOMME A GAUCHE, GRAND MODULE.

⋆ JACQUES ⋆ DONATIEN ⋆ LERAY ⋆ DE ⋆ CHAUMONT ⋆ F

J. B. NINI. F. 1783

Cheveux relevés et largement bouclés devant et sur le côté, découvrant entièrement l'oreille; ceux de derrière légèrement ondulés tombent sur le dos et jusqu'au-dessous de la saillie du bras, formant une grosse boucle attachée à la hauteur de l'épaule par un large nœud de ruban. = Habit et cravate unis; jabot plissé. = Pas d'encadrement. Signé en creux, sur la saillie du bras : NINI; à côté, en relief, mêmes armoiries que son père (médaillon n° LI).

Un fleuron au commencement et entre chaque mot de la légende; le premier est différent des autres.

Musée de Blois.

J.-D. Le Ray de Chaumont, fils de l'intendant de l'hôtel royal des Invalides, épousa en 1790 Grant Coxe appartenant à une famille anglaise établie dans le New-Jersey. Il tenta en 1804 de fonder une colonie française sur les bords de l'Ohio, tentative qui échoua malgré la protection de Washington et de Franklin; il mourut à Paris le 31 décembre 1840, à l'âge de quatre-vingt-un ans, laissant deux fils et une fille mariée à Pierre-Armand-Jean-Vincent-Hippolyte, marquis de Gouvello.

LXXVII

TÊTE D'HOMME A GAUCHE, GRAND MODULE.

Ce médaillon ne diffère du médaillon précédent que par l'absence de légende. Pas d'encadrement. Même signature.

Collection de M. Ch. Petit, à Blois.

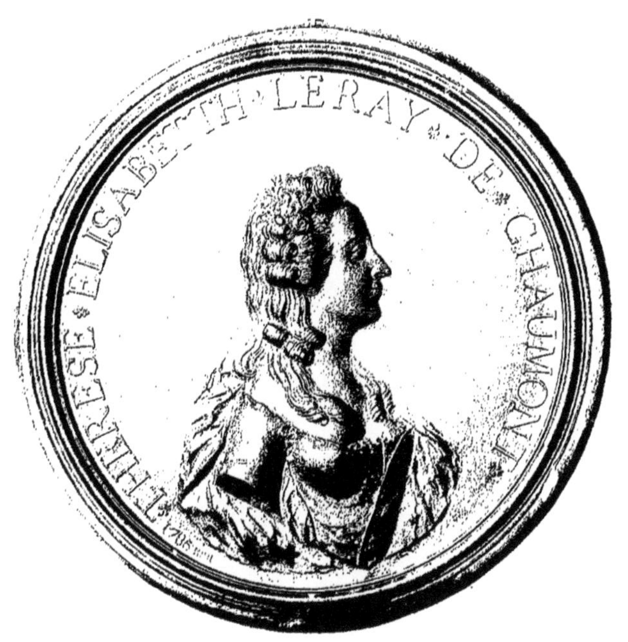

LXXVIII

TÊTE DE FEMME A DROITE, GRAND MODULE.

· THÉRÈSE · ÉLISABETTH · LERAY · DE · CHAUMONT ·
1785 ИIИI

Cheveux relevés devant, frisés et entremêlés de fleurs, roulés sur le côté et couvrant entièrement l'oreille; ceux de derrière légèrement ondulés tombent en formant de longues boucles sur le cou, sur le dos et sur la poitrine. = Robe en étoffe unie, bordée d'une fine broderie, croisant sur une guimpe plissée et bordée de dentelle. Corsage décolleté; manteau drapant largement le buste. = Encadrement à filets unis. Pas de signature.

Une fleur de lis au commencement, entre chaque mot et à la fin de la légende, excepté dans la date et la signature.

Collection du prince A. de Broglie.

Thérèse-Élisabeth Le Ray de Chaumont, sœur du précédent, était la dernière fille de l'intendant des Invalides; elle avait plus de soixante ans et n'était pas mariée en 1824.

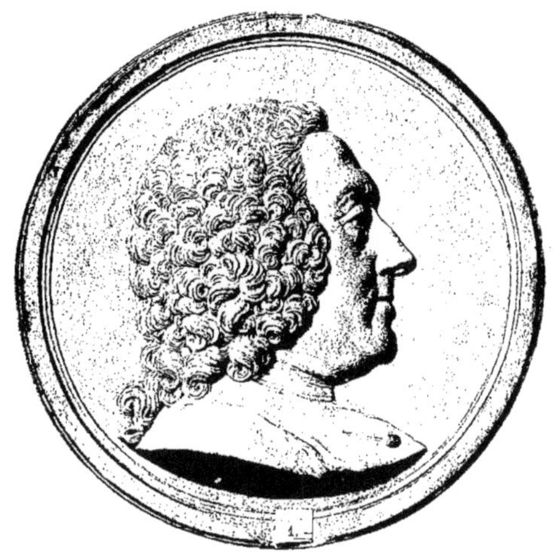

LXXIX

TÊTE D'HOMME A DROITE. PETIT MODULE.

Cheveux relevés et frisés sur le front, bouclés sur le côté et tout autour de la tête, retombant sur les épaules et sur le dos, où flotte une boucle reployée et attachée par un ruban. = Habit et cravate unis; pas de col à l'habit, qui est boutonné par un bouton. = Encadrement à filets unis. Pas de date. Signé en creux, sur la saillie du buste : J B NINI F

Collection de Chaumont.

Figure au musée céramique de Sèvres, en biscuit de la fabrique de Brancas-Lauraguais (terre des environs d'Alençon) ; dans le biscuit et derrière est écrit à la pointe : M. le comte de Caylus.

Anne-Claude-Philippe de Tubières de Grimoard de Festel de Levis, comte de Caylus, né à Paris en 1692, mort en cette ville le 5 septembre 1765 ; membre honoraire des Académies des inscriptions et belles-lettres, de peinture, sculpture, etc. etc. Son cénotaphe se voyait jadis dans l'église de Saint-Germain-l'Auxerrois.

La famille de Tubières, originaire d'Auvergne et de l'Ile-de-France, portait de gueules au chef, émanché d'or; *alias*, d'azur à trois molettes d'éperon d'or au chef de même.

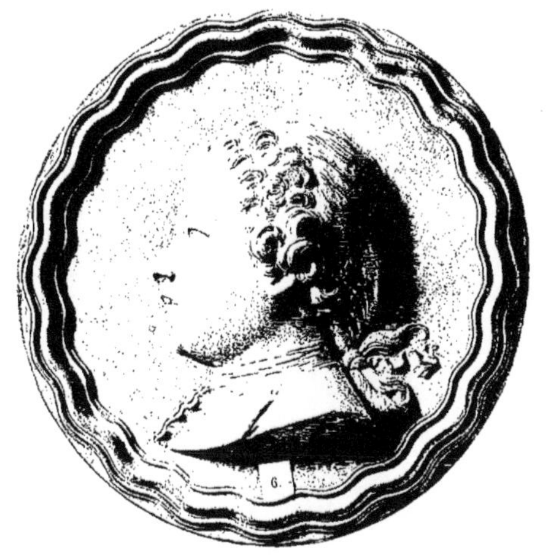

LXXX

TÊTE DE JEUNE HOMME A GAUCHE, PETIT MODULE.

Cheveux relevés, frisés et bouclés devant et sur le côté, découvrant à demi l'oreille ; ceux de derrière légèrement ondulés tombent sur le dos et sont reployés ; ils sont attachés un peu au-dessous du cou, par un ruban dont l'extrémité flotte avec les cheveux. = Habit et cravate unis ; chemise légèrement plissée ; jabot de dentelle. = Encadrement à filets ondulés. Signé en creux, sur la saillie du buste : J B NINI F

Au revers de l'exemplaire de la collection du prince A. de Broglie est écrit : « Louis-Nicolas Bernot de Mouchy, sous-aide major au régiment de Guienne infanterie, âgé de seize ans et sept mois en 1764 ».

LXXXI

TÊTE DE JEUNE HOMME A GAUCHE, PETIT MODULE.

Ce médaillon ne diffère du médaillon précédent que par l'absence d'encadrement.

Collection de M. Ch. Petit, à Blois.

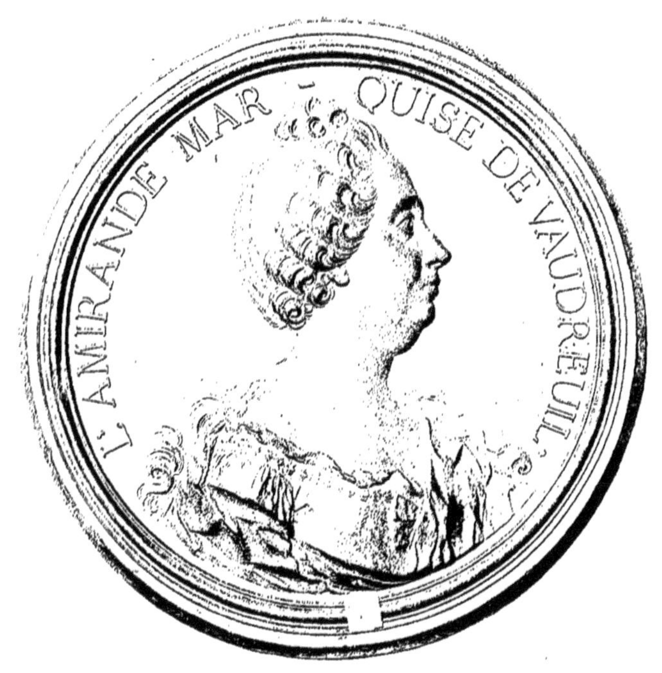

LXXXII

TÊTE DE FEMME A DROITE, GRAND MODULE.

L'AMIRANDE MAR - QUISE DE VAUDREUIL *

Cheveux relevés et bouclés devant, gros rouleaux sur le côté et tout autour de la tête découvrant l'extrémité de l'oreille; les cheveux de derrière sont relevés et forment plusieurs grosses boucles sur le sommet de la tête, et deux autres qui tombent sur le dos et sur l'épaule gauche. = Robe en étoffe brodée, corsage décolleté, bordé d'une broderie et d'une dentelle; manche légèrement plissée. Manteau drapant largement le buste, laissant voir la moitié d'un nœud de corsage moiré. = Encadrement à filets unis. Signé en creux, sur la saillie du buste : NINI F

Un trait d'union au-dessus de la tête sépare le mot MAR-QUISE; un fleuron après le dernier mot de la légende.

Collection du prince A. de Broglie.

Marie-Claire-Françoise Guyot de la Mirande épousa à Saint-Domingue, le 12 juin 1732, Joseph-Hyacinthe de Rigaud de Vaudreuil, sixième fils du marquis de Vaudreuil. Elle mourut à Paris, le 20 avril 1776.

La famille Guyot portait d'or au chevron d'azur, accompagné de trois merlettes de sable, au chef de gueules chargé de trois besans d'argent.

LXXXIII

TÊTE DE FEMME A DROITE, GRAND MODULE.

Ce médaillon ne diffère du médaillon précédent que par l'absence de légende et d'encadrement.

Collection de Mme Blondel, à Blois.

(Voir plus haut.)

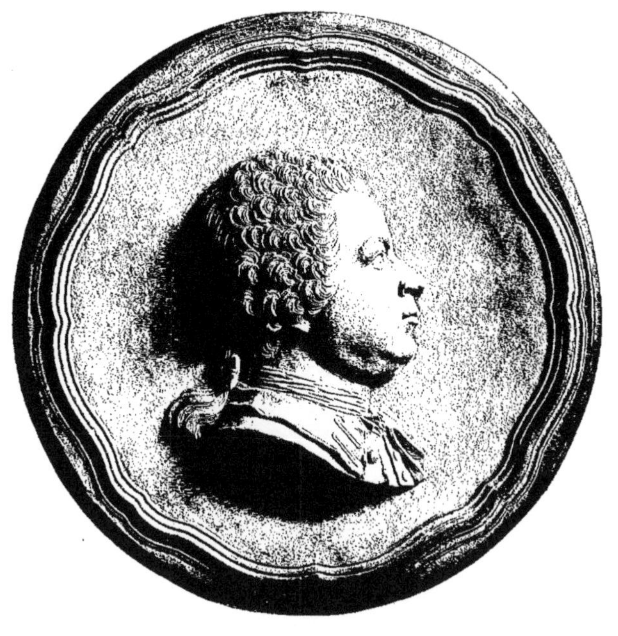

LXXXIV

TÊTE D'HOMME A DROITE, GRAND MODULE.

Cheveux relevés et bouclés devant et sur le côté, découvrant l'extrémité de l'oreille ; ceux de derrière légèrement ondulés tombent sur le dos, formant une longue boucle attachée par un ruban à la hauteur du cou et coupée brusquement à la hauteur du buste. = Habit, gilet et cravate unis ; le col de l'habit est rabattu et bordé d'une petite passementerie, avec deux boutonnières bordées de même. = Encadrement à filets ondulés. Pas de signature.

Au revers d'un exemplaire est écrit à la pointe sèche : « Lafosse. »

Collection du prince A. de Broglie.

L'original de ce médaillon est sans doute Jean-Baptiste-Joseph de la Fosse, né à Paris en 1721, mort dans la même ville vers 1776. Élève de Fessard, il débuta par des portraits excellents, dessinés d'après nature, finement exécutés et rappelant les magnifiques dessins de Clouet.

De la Fosse doit surtout sa réputation d'excellent graveur aux illustrations qu'il exécuta pour l'édition des *Fables* et des *Contes* de la Fontaine, publiés en 1761.

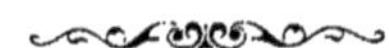

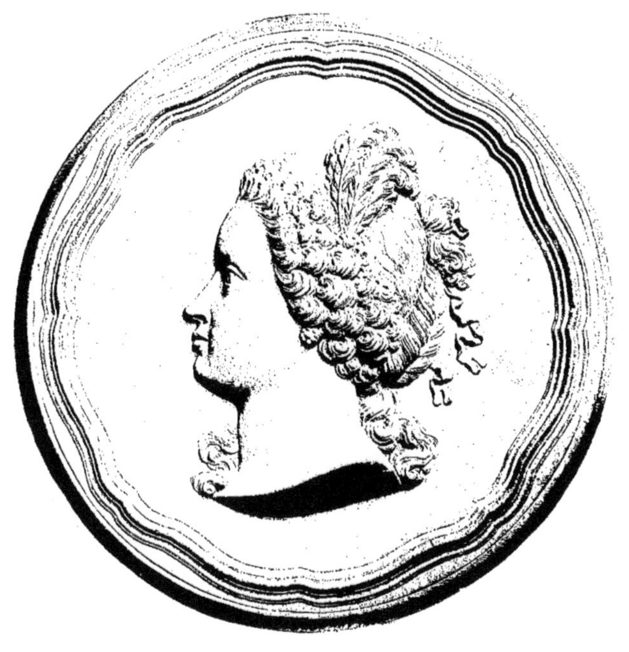

LXXXV

TÊTE DE FEMME A GAUCHE, GRAND MODULE.

Cheveux relevés devant et largement bouclés depuis le sommet de la tête jusque sur le cou, couvrant entièrement l'oreille et ne laissant voir qu'un gros bouton de pierreries ; longues plumes frisées fixées derrière les boucles de cheveux, par un bouton de pierreries semblable à celui de l'oreille ; les cheveux de derrière légèrement ondulés sont reployés en une grosse tresse sur le sommet de la tête, où ils sont attachés par un ruban dont les extrémités flottent avec celle des cheveux ; deux longues boucles sur le cou et sur l'épaule droite. Buste à l'antique. = Encadrement à filets ondulés. Signé en creux, sur la saillie de l'épaule : I NINI F

Collection du prince A. de Broglie.

LXXXVI

TÊTE DE FEMME A GAUCHE, GRAND MODULE.

Ce médaillon, qui est de forme ovale, ne diffère du médaillon précédent que par l'absence d'encadrement.

Collection de M. Ch. Petit, à Blois.

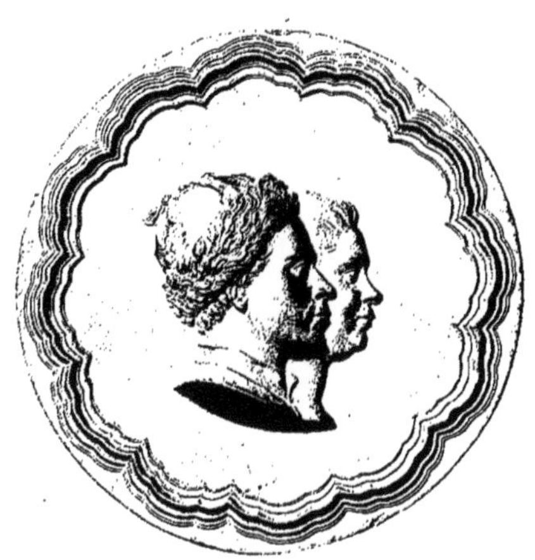

LXXXVII

DEUX TÊTES SUPERPOSÉES A DROITE, JEUNE HOMME ET JEUNE FILLE; PETIT MODULE.

Le jeune homme a les cheveux courts et légèrement frisés sur les tempes, découvrant presque entièrement l'oreille. La tête est coiffée d'un bonnet, sorte de calotte surmontée d'un petit gland et bordée d'une large fourrure qui vient jusque sur le front. = Chemise à col droit; habit uni. = La tête de la jeune fille est un simple buste; les cheveux sont relevés et bouclés devant; bonnet uni, sans fourrure. = Encadrement à filets ondulés. Pas de signature.

Collection du prince A. de Broglie.

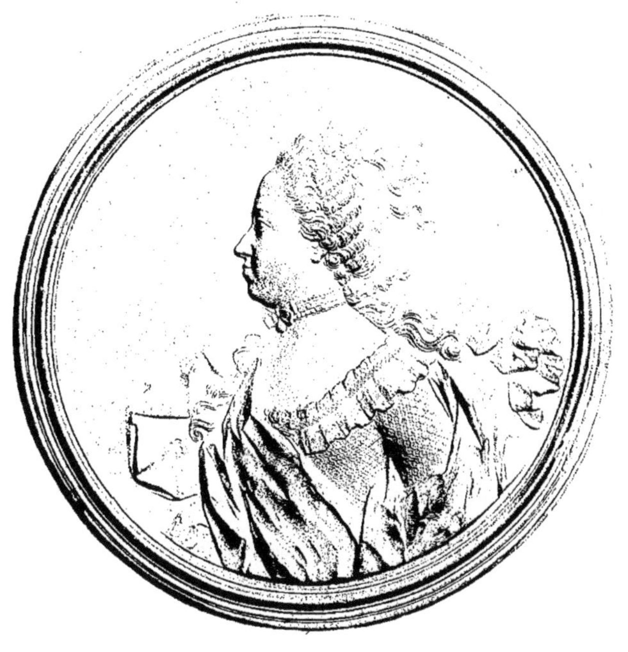

LXXXVIII

TÊTE DE FEMME A GAUCHE, GRAND MODULE.

Cheveux relevés et bouclés devant et sur le côté, jusque sur le cou, découvrant à demi l'oreille; gros rouleaux derrière les boucles, tout autour de la tête; les cheveux de derrière légèrement ondulés sont reployés jusqu'au sommet de la tête, où ils sont attachés avec des fleurs; l'extrémité des cheveux flotte en larges boucles; une autre boucle tombe sur le dos et est attachée à la hauteur du cou par un ruban dont l'extrémité flotte. Autour du cou, un galon fixé sur une double dentelle plissée; nœud sous le menton soutenant une perle. Autre boucle sur l'épaule droite. = Robe de brocart; corsage décolleté, avec une haute bordure de broderie et de dentelle plissées; bouquet de fleurs. Manteau drapant largement le buste et le bras. = Encadrement à filets unis. Signé en creux, sur la saillie du bras, dans les plis du manteau : J B NINI F; date illisible.

Collection du prince A. de Broglie.

Au revers d'un exemplaire est écrit à l'encre : « Madame de Flesselles, née Gravier de Libri, intendante de Moulins ».

L'original de ce médaillon ne peut être la femme de Jacques de Flesselles, prévôt des marchands en 1788, massacré à Paris le jour de la prise de la Bastille, qui avait épousé en 1759 Marie-Geneviève-Rose-Ursule Pajot de Nazeau. Nous savons d'ailleurs qu'il y a eu un intendant de Moulins du nom de Flesselles, de 1762 à 1765 (voir l'Almanach royal); mais quelle parenté y avait-il entre lui et le prévôt des marchands?

LXXXIX

TÊTE DE FEMME A GAUCHE, GRAND MODULE.

Ce médaillon ne diffère du médaillon précédent que par l'absence d'encadrement.

Collection de M. Blondel, aux Montils.

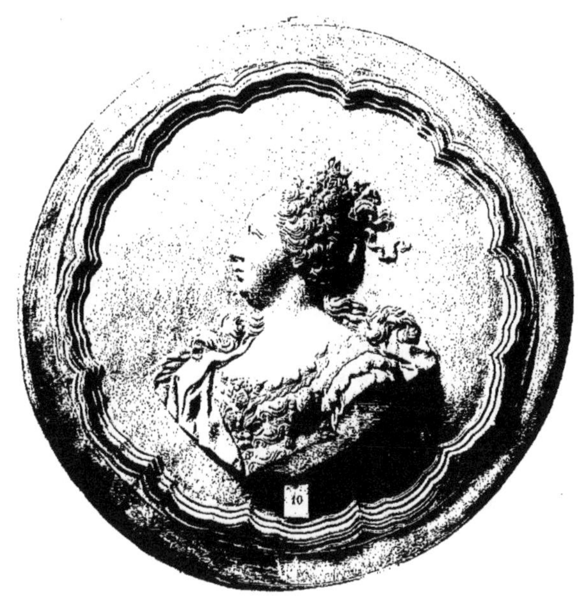

XC

TÊTE DE FEMME A GAUCHE, GRAND MODULE.

Cheveux relevés et frisés devant, largement bouclés sur le côté et tout autour de la tête, couvrant à demi l'oreille ; ceux de derrière largement ondulés sont reployés et forment une natte épaisse, attachée sur le sommet de la tête avec un ruban dont l'extrémité flotte avec celle des cheveux ; longues boucles flottant sur le dos et sur l'épaule droite; gros bouquet sur le sommet de la tête. = Robe de lampas avec brandebourgs et glands sur le devant ; large bouquet; corsage décolleté, bordé d'une dentelle légèrement tuyautée. Grand manteau drapant le buste. = Encadrement à filets ondulés. Signé en creux, sur la saillie du buste et du bras : JB NINI F

Au revers de l'exemplaire du musée de Blois est écrit au crayon : « Madame de Faugnes », et à l'encre : « Perinet de Faugnes, fermier général et seigneur du château de Thauvenay, près Sancerre ».

Il y a une variante de ce médaillon un peu plus grande que celui-ci.

Collection du prince A. de Broglie.

Madame de Faugnes, dame de Thauvenay, vivait encore en 1789; elle figure sur la liste des électeurs pour la nomination des députés de la noblesse aux états généraux; c'était une demoiselle Poupardin, issue d'une famille originaire de Bourges, anoblie par l'échevinage de cette ville en 1646.

Pierre Perrinet de Faugnes [1], seigneur de Thauvenay, Chassenay, etc., conseiller et secrétaire du roi, fut mandataire de Louise-Élisabeth de Bourbon, princesse de Conti, pour l'administration du comté de Sancerre. Il était mort en 1773, âgé de cinquante-huit ans, sans postérité.

La famille Poupardin portait d'azur au chevron d'or surmonté d'un cœur d'argent, accompagné de deux roses de même en chef, et d'un croissant aussi d'argent en pointe, au chef cousu de gueules soutenu d'or, chargé de trois molettes aussi d'or.

La famille Perrinet de Faugnes portait d'azur à un serpent d'argent surmonté d'une colonne de même.

[1] Pierre Perrinet n'a jamais été fermier général; l'annotation du musée de Blois l'a confondu avec son parent, David-Pierre Perrinet.

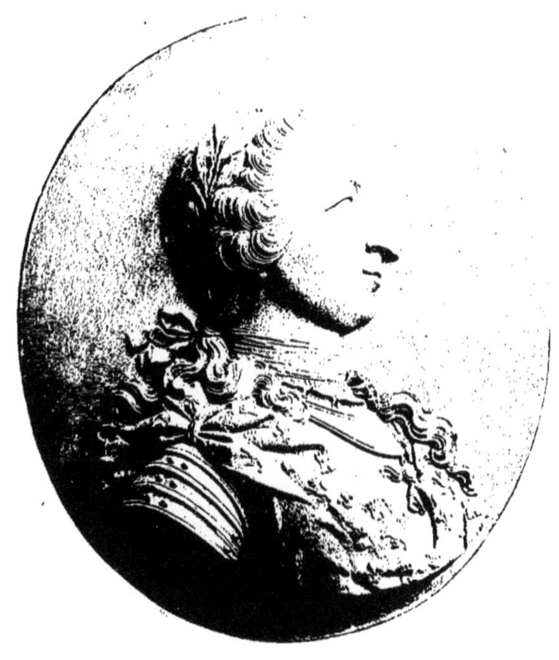

XCI

TÊTE D'HOMME A DROITE. GRAND MODULE;
MÉDAILLON DE FORME OVALE.

Cheveux relevés et bouclés devant et sur le côté, formant deux rouleaux au-dessus de l'oreille, dont l'extrémité est découverte; couronne de laurier. Les cheveux de derrière tombent en longues boucles sur le dos et les épaules, attachées à la hauteur du cou par un ruban dont les extrémités flottent. = Cravate unie; chemise plissée; cuirasse avec l'ordre de la Toison d'or; manteau royal aux armes d'Espagne, drapant le buste. = Pas d'encadrement, pas de signature. — Charles III, roi d'Espagne.

Collection de M. Blondel, aux Montils.

Charles, fils de Philippe V et d'Élisabeth Farnèse, né en 1716, porta d'abord le nom de don Carlos, jusqu'à son avènement au trône d'Espagne (1759), à la mort de son frère Ferdinand VI.

Charles III mourut en 1788.

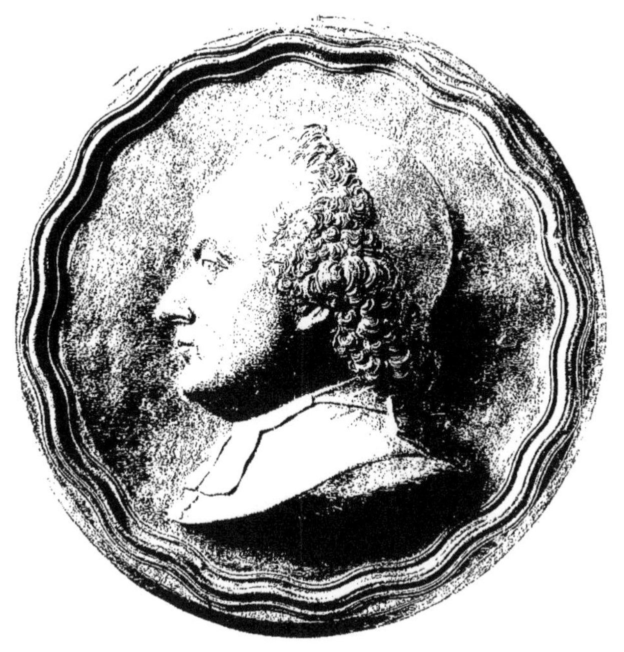

XCII

TÊTE D'ECCLÉSIASTIQUE A GAUCHE, GRAND MODULE.

Cheveux largement relevés et bouclés devant, sur le côté et tout autour de la tête, découvrant à demi l'oreille ; ceux de derrière sont entièrement cachés par une calotte. = Soutane avec trois boutons ; rabat ; petit collet attaché par un ruban sous le rabat. = Encadrement à filets ondulés. Signé en creux, sur la saillie du buste : J B NINI F

Collection du prince A. de Broglie.

XCIII

TÊTE D'ECCLÉSIASTIQUE A GAUCHE, GRAND MODULE.

Ce médaillon ne diffère du médaillon précédent que par l'absence d'encadrement.

Collection de M. Ch. Petit, à Blois.

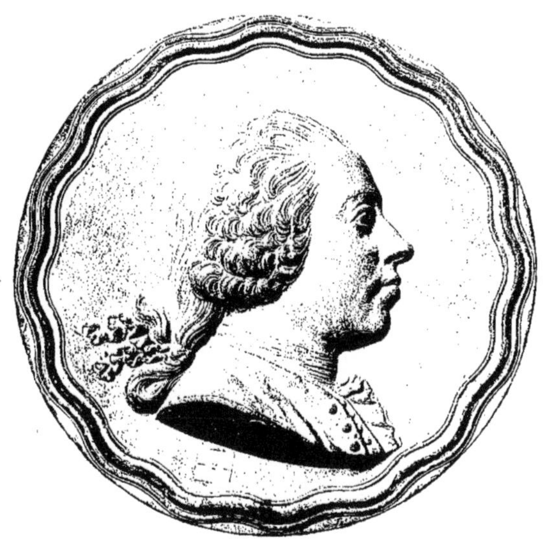

XCIV

TÊTE DE JEUNE HOMME A DROITE, GRAND MODULE.

Cheveux relevés et largement bouclés devant et sur les côtés, couvrant entièrement l'oreille ; ceux de derrière légèrement ondulés tombent sur le dos, sont reployés et attachés à la hauteur du cou par un ruban dont les extrémités flottent avec les cheveux. = Habit, gilet, cravate unis ; jabot de dentelle. = Encadrement à filets ondulés. Signé en creux, sur la saillie du buste : J B NINI F

Collection du prince A. de Broglie.

Ce médaillon passe pour être le portrait de Jean-Michel Moreau, connu sous le nom de Moreau jeune, dessinateur et graveur, né à Paris en 1741, mort en 1814, qui apprit de Lebas l'art de la gravure. Il obtint par son talent la protection de Caylus, et remplaça Cochin en 1770, comme dessinateur et graveur du cabinet du roi. Il est connu par les nombreuses compositions qu'il a faites pour illustrer les œuvres de Voltaire, Rousseau, Molière, etc. etc.

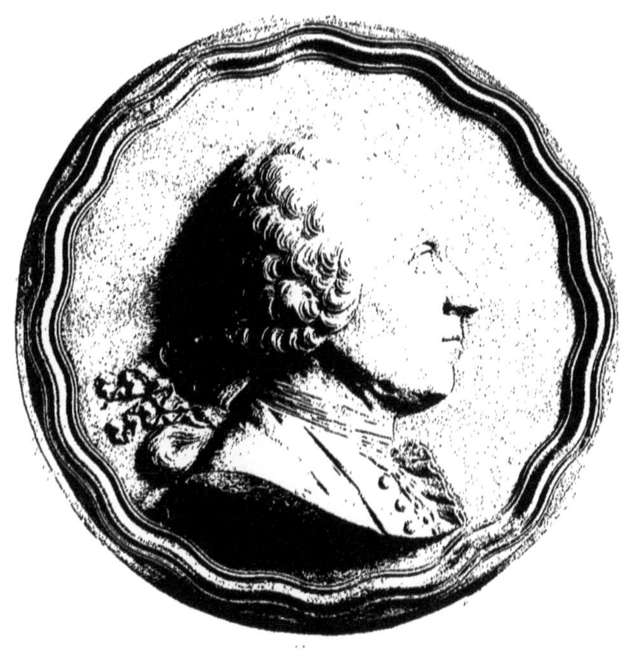

XCV

TÊTE D'HOMME A DROITE, GRAND MODULE.

Même détails de coiffure et d'habillement que ceux du médaillon précédent, avec l'original duquel il offre aussi une certaine ressemblance; les traits, plus accentués et différents, sont ceux d'un homme d'un âge plus avancé. = Encadrement à filets ondulés. Signé en creux, sur la saillie du buste : J B NINI F

Musée de Blois.

Ce médaillon passe pour être le portrait de Louis-G. Moreau, dit Moreau aîné, frère du précédent; on lui doit un grand nombre de beaux paysages et de vues de villes peintes à la gouache, à la manière de Nicole, si connu dans ce genre mis alors en haut renom par Blaremberg et Willemborg.

XCVI

TÊTE D'HOMME A DROITE, GRAND MODULE.

Ce médaillon ne diffère du médaillon précédent que par l'absence d'encadrement. Même signature.

Collection de M. X.

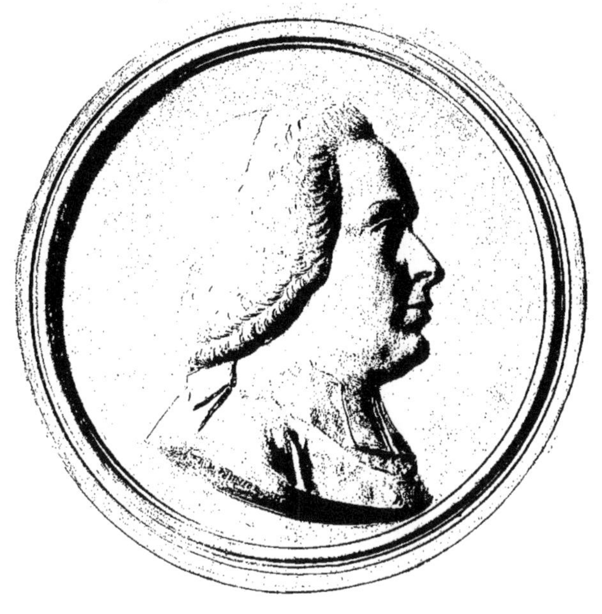

XCVII

TÊTE D'ECCLÉSIASTIQUE A DROITE, GRAND MODULE.

Cheveux relevés et bouclés devant et sur le côté, couvrant entièrement l'oreille, tournant tout autour de la tête et formant sur la joue et le cou un rouleau très épais; ceux de derrière sont légèrement ondulés et couvrent en partie la calotte. = Soutane en étoffe unie, rabat, petit collet; croix attachée à un large ruban moiré. = Encadrement à filets unis. Signé en creux, sur la saillie du bras : J B NINI F

Collection de M. X.

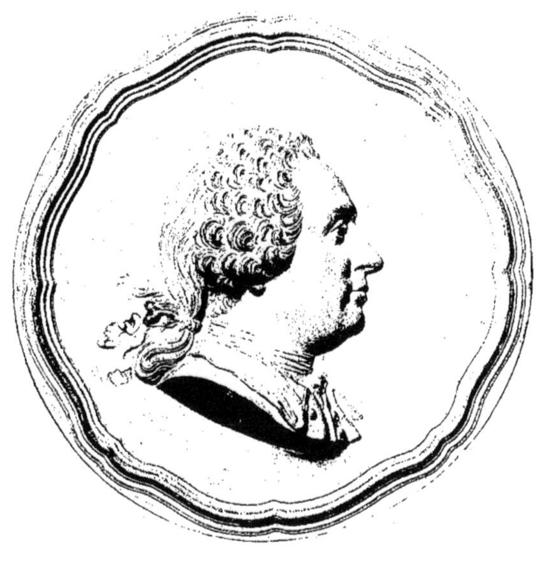

XCVIII

TÊTE D'HOMME A DROITE, GRAND MODULE.

Cheveux relevés et bouclés devant et sur le côté, découvrant l'extrémité de l'oreille; ceux de derrière légèrement ondulés tombent sur le dos, sont reployés et attachés à la hauteur du cou par un ruban dont les extrémités flottent avec celle des cheveux. = Habit uni à col rabattu bordé d'une ganse; deux boutonnières bordées de même au col de l'habit. Gilet uni avec deux boutons; cravate unie; chemise légèrement plissée. = Encadrement à filets ondulés. Pas de signature.

Collection du prince A. de Broglie.

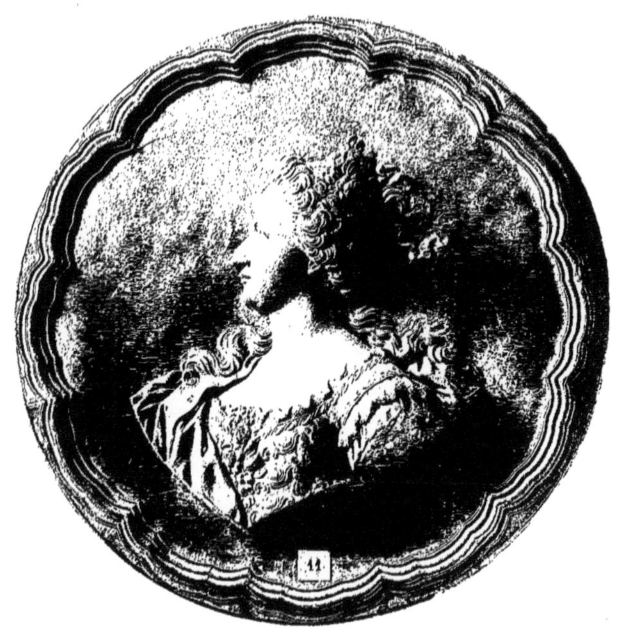

XCIX

TÊTE DE FEMME A GAUCHE, GRAND MODULE.

Cheveux relevés et frisés devant, largement bouclés sur le côté et tout autour de la tête, couvrant à demi l'oreille; ceux de derrière légèrement ondulés sont reployés, et forment une natte épaisse attachée sur le sommet de la tête avec un ruban dont l'extrémité flotte avec celle des cheveux; longues boucles flottant sur le dos et sur l'épaule droite; gros bouquet sur le sommet de la tête. = Robe de lampas avec brandebourgs et glands sur le devant; corsage décolleté bordé de dentelle; large bouquet; les manches sont plissées et ornées d'une dentelle légèrement tuyautée. Grand manteau drapant le buste. = Encadrement à filets ondulés. Signé en creux, sur la saillie du buste et du bras : J B NINI F

Collection du prince A. de Broglie.

Au revers d'un exemplaire est écrit au crayon : « Marquise de Boulfry ».

Les détails de la coiffure et du costume sont identiquement les mêmes que ceux du médaillon LXXXVIII; la physionomie est absolument différente.

C

TÊTE DE FEMME A GAUCHE, GRAND MODULE.

Ce médaillon ne diffère du médaillon précédent que par l'absence d'encadrement.

Collection de M. Blondel, aux Montils.

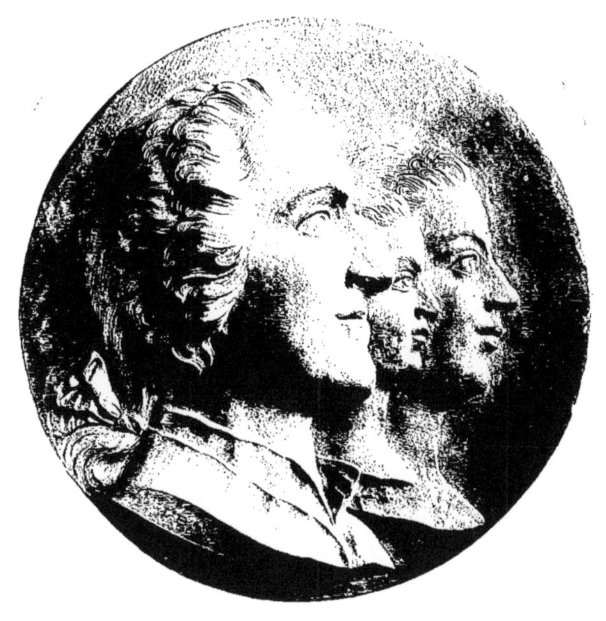

61

TROIS TÊTES SUPERPOSÉES A DROITE, HOMME, FILLETTE ET FEMME;
GRAND MODULE.

L'homme a les cheveux relevés et frisés devant et sur le côté, formant une grosse boucle couvrant presque entièrement l'oreille; ceux de derrière légèrement ondulés tombent sur le dos, sont reployés et attachés à la hauteur du cou par un large nœud de ruban dont l'extrémité flotte. = Habit uni sans col; le col de la chemise est entr'ouvert. = La fillette et la femme ont les cheveux relevés et frisés devant. Bustes en forme de camées. = Pas d'encadrement. Signé en creux, sur la saillie du buste de l'homme : J B NINI F

Au revers de l'exemplaire du prince A. de Broglie est écrit à l'encre : « Nini, sa femme et sa fille ».

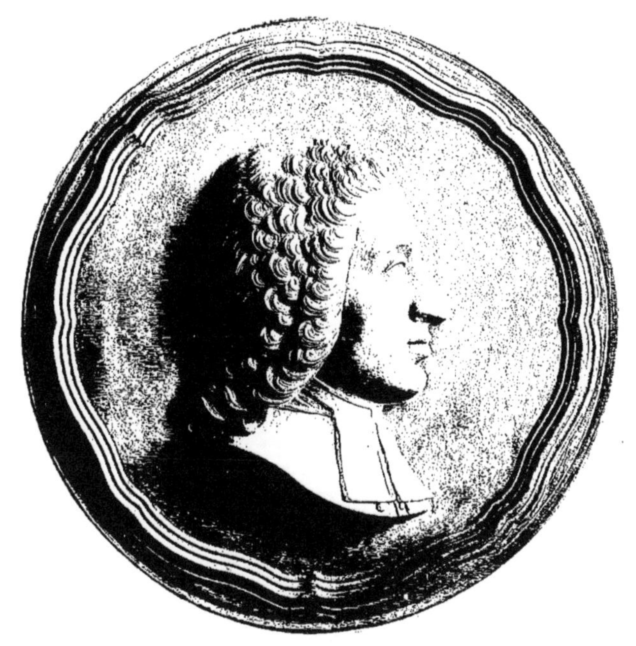

CII

TÊTE D'ECCLÉSIASTIQUE (OU DE MAGISTRAT) A DROITE.
GRAND MODULE.

Cheveux relevés et bouclés devant et sur le côté, encadrant toute la figure, couvrant entièrement l'oreille et tombant sur le dos en boucles épaisses, dans lesquelles viennent se confondre les cheveux de derrière, ondulés et bouclés aussi. = Rabat; soutane entr'ouverte au-dessous du rabat; petit collet attaché sous le rabat par un ruban. Encadrement à filets ondulés. Signé en creux, sur la saillie du bras : J NINI F

Collection de M. X.

CIII

TÊTE D'ECCLÉSIASTIQUE (OU DE MAGISTRAT) A DROITE.
GRAND MODULE.

Ce médaillon, qui est de forme ovale, ne diffère du médaillon précédent que par l'absence d'encadrement et la forme.

Collection de M. X.

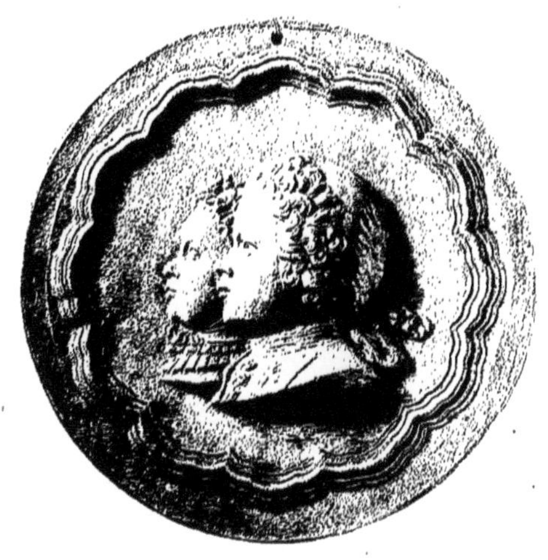

CIV

DEUX TÊTES D'ENFANTS SUPERPOSÉES A GAUCHE. GARÇON ET FILLETTE; PETIT MODULE.

Le garçon a les cheveux relevés et largement bouclés sur le devant et sur le côté, couvrant entièrement l'oreille; ceux de derrière légèrement ondulés tombent sur le dos, sont reployés et attachés à la hauteur du cou par un ruban dont l'extrémité flotte avec celle des cheveux. = Habit à la française entr'ouvert; jabot de dentelle; cravate unie. = La fillette est coiffée d'un bonnet tuyauté avec fleurs, et a une large collerette à deux rangs, tuyautée aussi, tombant sur la poitrine; les rubans du bonnet sont noués sous le menton. = Encadrement à filets ondulés. Signé en creux, sur la saillie du buste du garçon : NINI

Collection du prince A. de Broglie.

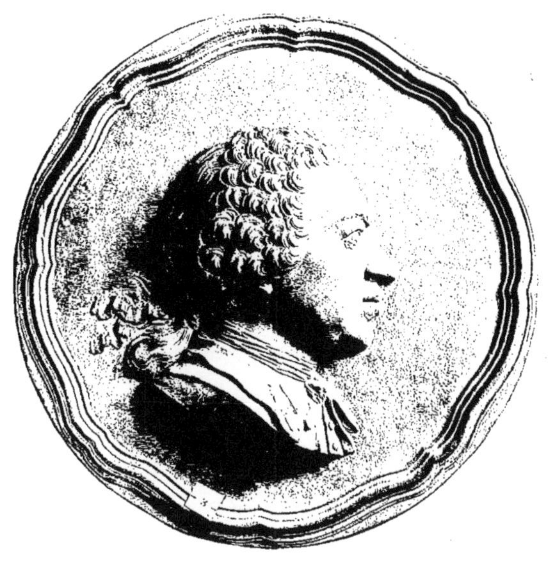

CV

TÊTE D'HOMME A DROITE, GRAND MODULE.

Cheveux relevés et largement bouclés devant et sur le côté, découvrant l'extrémité de l'oreille ; ceux de derrière légèrement ondulés tombent sur le dos, sont reployés et attachés à la hauteur du cou par un ruban dont les extrémités flottent avec celle des cheveux. = Habit uni à col rabattu bordé d'une ganse ; deux boutonnières bordées de même au col de l'habit ; gilet uni avec deux boutons ; cravate unie ; chemise légèrement plissée. = Encadrement à filets ondulés. Signé en creux, sur la saillie du buste : J B NINI F

Collection du prince A. de Broglie.

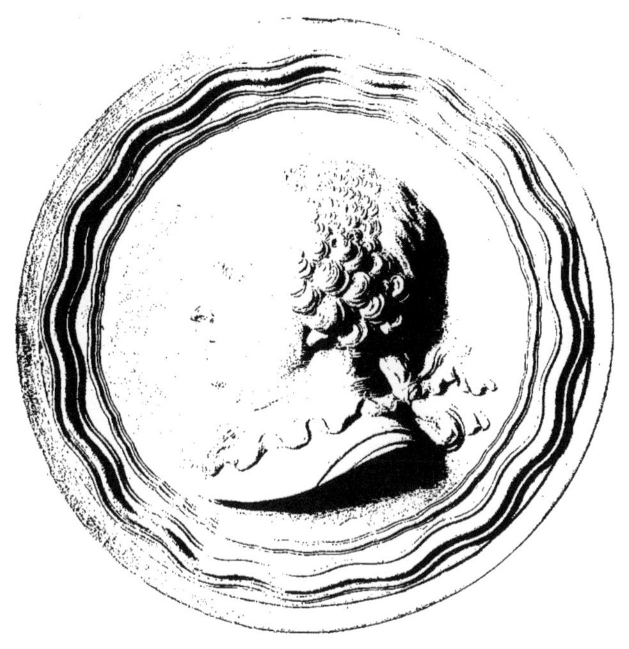

CVI

TÊTE D'HOMME A GAUCHE, GRAND MODULE.

Cheveux relevés et frisés devant, bouclés sur le côté, couvrant presque entièrement l'oreille ; ceux de derrière légèrement ondulés, tombent sur le dos, sont reployés et attachés à la hauteur du cou par un ruban dont les extrémités flottent avec celle des cheveux. = Cravate unie; jabot de dentelle; cuirasse, par-dessus laquelle passe une collerette largement gaufrée. = Encadrement à filets ondulés. Signé en creux, sur la saillie du buste : J B NINI F

Collection de M. X.

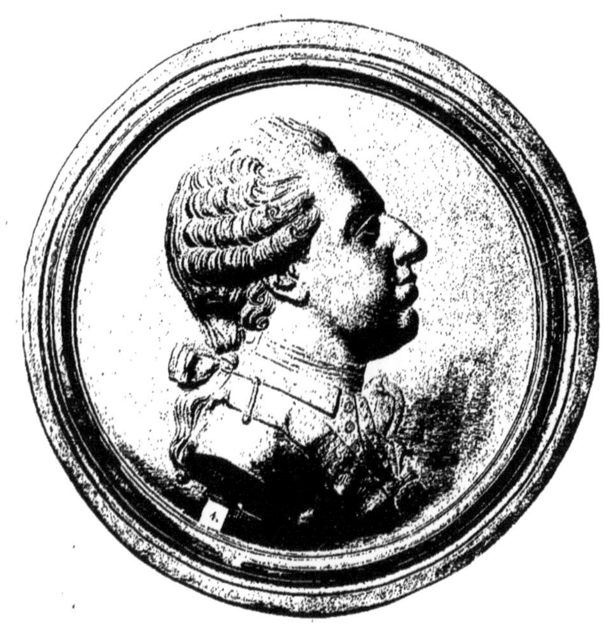

CVII

TÊTE D'HOMME A DROITE, GRAND MODULE.

Cheveux relevés et frisés devant, largement bouclés sur le côté, formant quatre rouleaux et découvrant à demi l'oreille, derrière laquelle est une boucle. Les cheveux de derrière légèrement ondulés tombent sur le dos et jusque sous la saillie du bras, formant une longue boucle attachée à la hauteur du cou par un large nœud de ruban. = Habit uni, avec patte d'épaule sous laquelle passe un grand cordon; le col de l'habit est rabattu et bordé d'une broderie; gilet sur lequel est l'ordre de la Toison d'or. Cravate unie, jabot de dentelle. = Encadrement à filets unis. Signé en creux, sur la saillie du bras : I ou J NINI F

Au revers de l'exemplaire du prince A. de Broglie est écrit : « Louis XVI. »

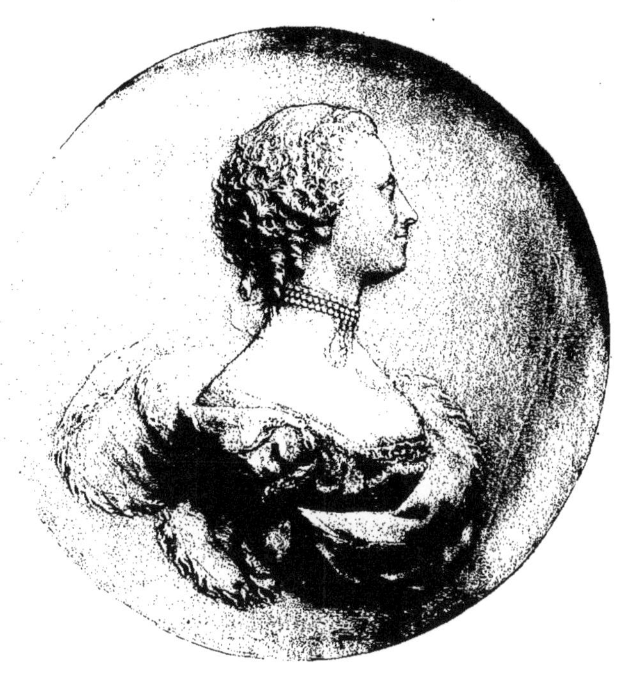

TÊTE DE FEMME A DROITE, GRAND MODULE.

MÉDAILLON EN CIRE

FAISANT PARTIE DE LA COLLECTION DU PRINCE A. DE BROGLIE;

Cheveux relevés et frisés devant, bouclés sur le côté et tout autour de la tête, ne laissant que très peu apercevoir ceux du sommet qui sont légèrement ondulés, et viennent se mêler aux autres en petites boucles. Derrière l'oreille, qui est à demi découverte, sont trois boucles un peu plus longues tombant sur le cou. Collier de perles à trois rangs, attaché derrière le cou par un ruban; rang de perles tombant sur la poitrine. = Corsage décolleté bordé d'une petite dentelle; manteau d'hermine drapant largement le buste. = Pas d'encadrement ni de signature.

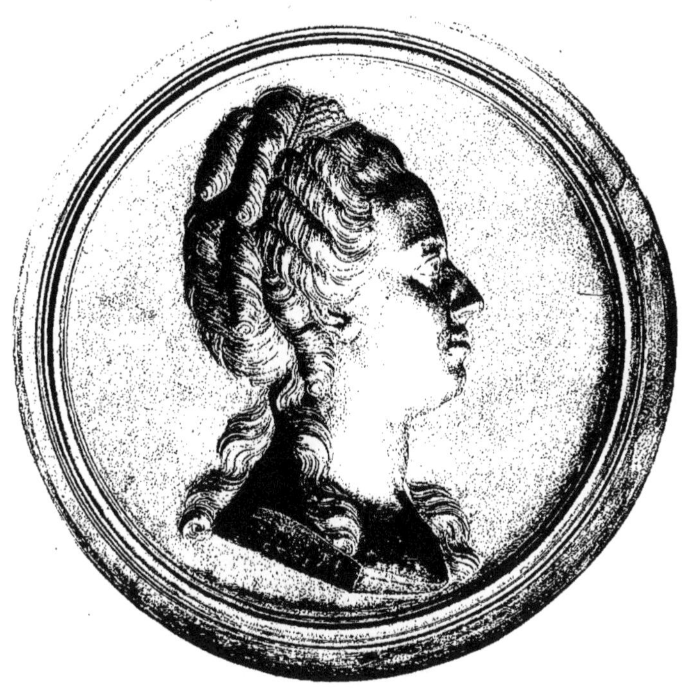

MOULE EN CREUX DU MÉDAILLON Nº LXXIV

FAISANT PARTIE DE LA COLLECTION DU PRINCE A. DE BROGLIE.

(Voir plus haut, p. 126.)

26468. — TOURS, IMPRIMERIE MAME

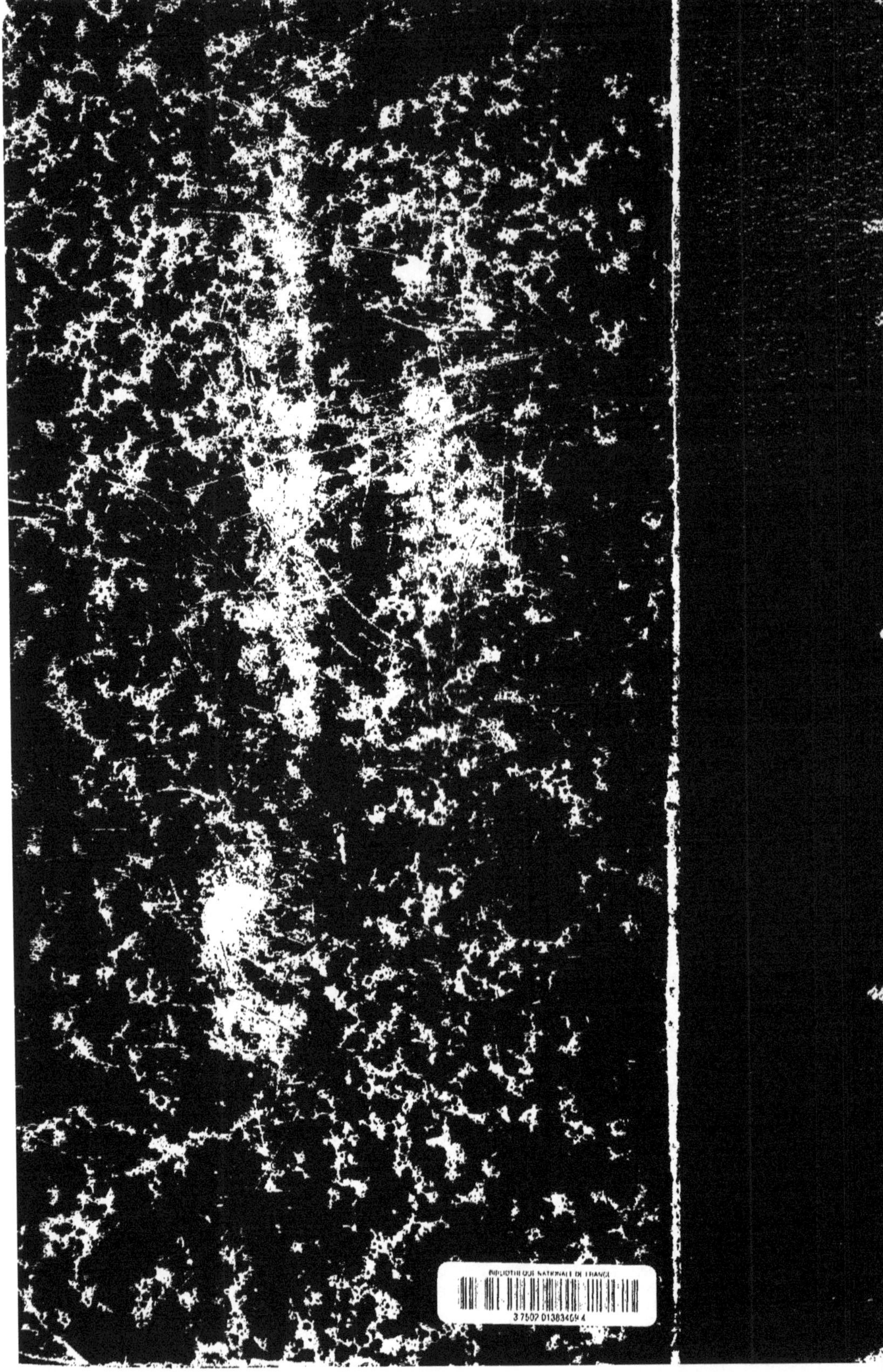

www.ingramcontent.com/pod-product-compliance
Ingram Content Group UK Ltd.
Pitfield, Milton Keynes, MK11 3LW, UK
UKHW020246250726
13967UKWH00004B/1533